O MÉTODO SILVA DE CONTROLE MENTAL

Título original: *The Silva Mind Control Method*

Copyright © 1977 by José Silva

O Método Silva de Controle Mental
3ª edição: Março 2025

Direitos reservados desta edição: CDG Edições e Publicações

O conteúdo desta obra é de total responsabilidade dos autores
e não reflete necessariamente a opinião da editora.

Autores:
José Silva e Philip Miele

Tradução:
Adriana Krainski

Preparação de texto:
Gabrielle Carvalho

Revisão:
Gabriel Silva
Patrícia Alves Santana

Projeto gráfico:
Anna Yue

Capa:
Jessica Wendy

Impressão:
Plena Print

DADOS INTERNACIONAIS DE CATALOGAÇÃO NA PUBLICAÇÃO (CIP)

Silva, José
    O método Silva de controle mental / José Silva, Philip Miele ; tradução de Adriana Krainski. — Porto Alegre : Citadel, 2023.
    240 p.

ISBN 978-65-5047-260-3
Título original: The Silva Mind Control Method

1. Desenvolvimento pessoal 2. Mente I. Título II. Miele, Philip III. Krainski, Adriana

23-5191   CDD - 158.1

Angélica Ilacqua - Bibliotecária - CRB-8/7057

Produção editorial e distribuição:

contato@citadel.com.br
www.citadeleditora.com.br

JOSÉ SILVA
E PHILIP MIELE

O MÉTODO SILVA DE CONTROLE MENTAL

Aprenda e pratique todas
as técnicas do mais famoso método
de controle mental do planeta

Tradução:
Adriana Krainski

2023

O QUE O CONTROLE MENTAL JÁ FEZ PARA ALGUNS...

- Uma empresa de marketing usou a técnica e criou dezoito produtos novos.
- Catorze jogadores do *Chicago White Sox* usaram a técnica e aumentaram suas pontuações.
- As artistas Vicki Carr, Carol Lawrence e Loretta Swit já falaram sobre o que o Controle Mental fez por elas.
- Faculdades e universidades já usaram a técnica para ajudar seus alunos a aprenderem mais estudando menos.

... O CONTROLE MENTAL PODE FAZER POR VOCÊ TAMBÉM!

"Quando as pessoas aprendem a fazer a mente funcionar em um nível mais profundo, a criatividade é potencializada. A memória melhora, e as pessoas conseguem resolver problemas com mais facilidade."

Dr. Clancy D. McKenzie, Diretor do
Serviço de Consultoria Psiquiátrica da Filadélfia

"Altamente recomendado."

Boletim do Centro de Estudos Espirituais

Agradecimentos

Os autores contaram com a ajuda sábia e generosa de tantos amigos, parceiros e críticos imparciais que seria difícil nomear cada um. Alguns deles: Marcelino Alcala, Ruth Aley, Manuel Lujan Anton, Dr. Stephen Applebaum, Dr. Robert Barnes, Joahanne Blodgett, Larry Blyden, Dr. Fred J. Bremner, Maria Luisa Bruque, Vicki Carr, Dr. Philip Chancellor, Dr. Jeffrey Chang, Dr. Erwin Di Cyan, Dr. George De Sau, Alfredo Duarte, Dr. Stanley Feller, Dord Fitz, Richard Floyd, Paul Fansella, Fermin de la Garza, Ray Glau, Pat Golbitz, Alexandro Gonzales, Reynaldo Gonzales, Padre Albert Gorayeb, Ronald Gorayeb, Paul Grivas, Irmã Michele Guerin, Blaz Gutierrez, Emilio Guzman, Dr. J. Wilfred Hahn, Timothy Harvey, James Hearn, Richard Herro, Larry Hildore, Celeste Holm, Joanne Howell, Margaret Huddleston, Adele Hull, Chris Jensen, Umberto Juarez, Carol Lawrence, Fred Levin, Kate Lombardi, Dorothy Longoria, Alice and Harry McKnight, Dick Mazza, Dr. Clancy D. McKenzie, Dr. James Motiff, Jose Moubayed, Jim Needham, Wingate Paine, Marguerite Piazza, Eduardo Moniz Resende, Rosa Argentina Rivas, Jose Romero, Dr. Alberto Sanchez Vilchis, Gerald Seadey, Nelda Sheets, Alexis Smith, Loretta Swit, Pat Teague, Dr. Andre Weitzenhoffer, Dr. N. E. West, Jim Williams, Dr. Lance S. Wright.

Para a minha esposa, Paula; minha irmã, Josefina; meu irmão, Juan; e todos os meus filhos e filhas: José, Isabel, Ricardo, Margarita, Antonio, Ana Maria, Hilda, Laura, Delia e Diana.
JOSÉ SILVA

Para Marjorie Miele, Grace e Bill Owen.
PHILIP MIELE

A todos os instrutores certificados do Método Silva de todo o mundo que seguem iluminando pessoas com este programa científico e espiritual, agora disponível em mais de cem países e 29 idiomas.

Índice

Prefácio, por Joel Jota 10

POR PHILIP MIELE

Introdução 13
1. Tirando proveito da sua mente de uma forma especial . . 18
2. Conheça José 23

POR JOSÉ SILVA

3. Como meditar 30
4. Meditação dinâmica 35
5. Como melhorar a memória 41
6. Aprendizado rápido 47
7. Sono criativo 51
8. As suas palavras têm poder 59
9. O poder da imaginação 66
10. Usando a mente para melhorar a saúde 74
11. Um exercício íntimo para casais 84
12. Você pode praticar a PES 89
13. Reúna o seu próprio grupo de prática 102
14. Como ajudar outras pessoas usando o Controle Mental . 107
15. Algumas especulações 114
16. Checklist 120

POR PHILIP MIELE

17. Um psiquiatra que trabalha com Controle Mental. . . . 122
18. A sua autoestima nas alturas 137
19. Controle Mental no mundo dos negócios 154
20. E agora, para onde vamos? 162

GUIA: O passo a passo da meditação: um resumo 171
ANEXO I: O Curso de Controle Mental e sua organização,
   por José Silva 175
ANEXO II: Método Silva de Controle Mental e o paciente psiquiátrico,
   por Dr. Clancy D. McKenzie e Dr. Lance S. Wright. . . 186
ANEXO III: Introdução, por J. W. Hahn, Ph.D. 218
   Associação de EEG com a atenção em humanos, por F. J. Bremner,
   V. Benignus e F. Moritz da Trinity University 222
   Foco interno como subconjunto de atenção, por F. J. Bremner
   e F. Moritz, Trinity University 230
   Referências 234

Prefácio

É com grande prazer que apresento o livro *O Método Silva de Controle Mental*, de José Silva. Como uma pessoa que teve a oportunidade de conviver em um ambiente de alta performance e meritocracia desde muito jovem, posso dizer que este livro é uma ferramenta indispensável para aqueles que desejam alcançar a excelência em suas vidas.

Durante quase duas décadas da minha vida, fui atleta profissional de natação e tive a oportunidade de ser campeão nacional e até mesmo ser ranqueado em nível mundial. Mas a minha trajetória não se limitou apenas ao mundo do esporte. Após o término da minha carreira como nadador, fui professor de graduação e pós-graduação, tendo o prazer de formar mais de três mil alunos.

Ao mesmo tempo, comecei a minha carreira como treinador de alta performance na natação e, mais tarde, no Instituto Neymar Jr., onde coordenei o processo de aprendizado e desenvolvimento da metodologia e treinamento dos professores. Desde então, tenho trabalhado como empresário, investidor e treinador internacional na área de desenvolvimento pessoal e profissional, tendo treinado mais de cinquenta mil empreendedores e empresas ao longo da minha carreira.

Foi a partir dessa trajetória de sucesso e aprendizado que pude ter contato com o Método Silva e seus ensinamentos. A metodologia criada por José Silva tem como objetivo principal ajudar as pessoas a acessarem o potencial máximo do seu cérebro, permitindo uma maior clareza mental, um aumento da criatividade e uma melhora significativa na qualidade de vida.

Ao longo dos anos, pude aprender muito com a metodologia de José Silva e aplicar seus ensinamentos em minha própria vida. Aprendi que a chave para o sucesso está na habilidade de acessar a nossa mente subconsciente, onde todas as nossas memórias, habilidades e crenças estão armazenadas. E mais do que isso, aprendi que todos nós temos o poder de mudar a nossa realidade e alcançar a excelência em todas as áreas da nossa vida.

Com o Método Silva, os leitores terão acesso a uma metodologia comprovada de desenvolvimento pessoal que pode ajudá-los a alcançar seus objetivos mais ambiciosos. E mais do que isso, eles poderão aprender a aplicar os ensinamentos do livro em sua própria vida, permitindo que alcancem uma maior clareza mental, uma maior criatividade e uma maior conexão com seu verdadeiro potencial.

Este livro é uma ferramenta poderosa para todos aqueles que desejam viver uma vida extraordinária e alcançar o sucesso em todas as áreas de sua vida. Por isso, eu o recomendo fortemente para todos aqueles que desejam alcançar a excelência em suas vidas e que desejam aprender a acessar todo o potencial da sua mente.

Em resumo, esta é uma obra transformadora que pode levar qualquer pessoa a alcançar seus objetivos mais ambiciosos. Através da metodologia de José Silva, é possível treinar a mente para acessar um estado de consciência ampliada, que permite a resolução de problemas complexos, a expansão da criatividade e o desenvolvimento de habilidades latentes.

Baseado em minha própria experiência, posso afirmar que as lições principais do livro são:

- **O poder do autoconhecimento**: ao entender nossas crenças limitantes e como nossa mente funciona, podemos desenvolver uma visão mais clara sobre nossas motivações, objetivos e valores. Isso nos ajuda a direcionar nossas energias para aquilo que realmente importa e a tomar decisões mais assertivas.

- **A importância da disciplina e da prática constante**: assim como em qualquer outra habilidade, para alcançar resultados extraordinários é preciso treinar a mente de forma consistente e disciplinada. A metodologia de José Silva oferece ferramentas e técnicas que podem ser incorporadas à rotina diária para potencializar a mente.
- **O poder do foco**: a capacidade de focar a mente em um objetivo é fundamental para o sucesso em qualquer área da vida. O Método Silva de Controle Mental ensina técnicas para treinar a mente a manter o foco em um objetivo específico, eliminando distrações e aumentando a produtividade.
- **A ampliação da criatividade**: ao acessar um estado de consciência ampliada, a mente se torna mais criativa e capaz de solucionar problemas de forma inovadora. O Método Silva ensina técnicas para acessar esse estado de forma consciente, tornando possível explorar novas ideias e possibilidades.
- **A conexão com o universo**: O Método Silva ensina que estamos todos conectados a uma fonte de energia universal, e que é possível acessar essa energia para manifestar nossos desejos e objetivos. Por meio de técnicas de visualização e meditação, podemos treinar a mente para se conectar com essa fonte de energia e manifestar nossos sonhos.

Em resumo, *O Método Silva de Controle Mental* é uma obra que pode transformar sua vida de forma radical, proporcionando o desenvolvimento de habilidades latentes e a realização de objetivos que antes pareciam impossíveis. Ao seguir as lições do livro e praticar as técnicas ensinadas, é possível alcançar resultados extraordinários em qualquer área da vida.

Joel Jota
Escritor, empresário, ex-atleta da Seleção Brasileira
de natação e treinador de alta performance

Introdução

Você está prestes a iniciar uma das aventuras mais transformadoras da sua vida. Cada resultado alcançado mudará a visão que você tem de si mesmo e do mundo em que você nasceu. Com seus novos poderes, virá a responsabilidade de usá-los "para o bem da humanidade" – uma frase do método do Controle Mental. Como você verá em breve, não poderá usá-los de outra forma.

Certo urbanista de uma cidade na Costa Oeste fechou a porta do seu escritório, deixando a sua secretária sozinha e com um grande problema em cima da mesa. Os desenhos de uma proposta de projeto de um novo shopping center tinham sumido, e uma reunião crucial fora marcada com autoridades da cidade naquela mesma semana. Pessoas perdem empregos por bem menos, mas o urbanista parecia inabalável diante da situação que teria levado outros chefes a descontar toda a raiva em cima de suas secretárias.

Ele se sentou à mesa. Por um momento, fechou os olhos e ficou quieto e imóvel. Quem o visse diria que ele estava se recompondo diante do desastre.

Dez minutos depois, ele abriu os olhos, levantou-se devagar e foi até sua secretária. "Acho que encontrei", disse ele calmamente. "Vamos dar uma olhada no extrato bancário da última quinta-feira, quando eu estive em Hartford. Em que restaurante eu jantei?".

Ele ligou para o restaurante. O projeto estava lá.

O urbanista havia feito o treinamento do Método Silva de Controle Mental, despertando talentos, que para a maioria de nós são inutilizados da mente. Uma das coisas que ele aprendeu foi a recuperar memórias escondidas onde uma mente destreinada não pode encontrá-las.

Esses talentos despertados vêm rendendo coisas incríveis para os mais de quinhentos mil homens e mulheres que fizeram o curso.

O que exatamente o urbanista fez ao se sentar em silêncio por dez minutos? Um relato de outra pessoa que fez o curso de Controle Mental dá uma ideia:

"Tive uma experiência incrível ontem em Bermuda. Faltavam duas horas para o meu voo de volta para Nova York e eu não conseguia encontrar a minha passagem aérea em lugar nenhum. Por quase uma hora, três pessoas vasculharam o apartamento onde eu estava hospedado. Procuramos debaixo dos tapetes, atrás da geladeira, em todos os lugares. Eu até desfiz e arrumei a minha mala três vezes, mas nada de o bilhete aparecer. Finalmente, decidi procurar um lugar tranquilo para entrar no meu nível. Assim que entrei, consegui 'ver' a minha passagem de avião de um modo tão vívido que era como se estivesse de fato olhando para ela. A passagem, conforme me mostrou a visão no meu 'nível', estava no fundo de um armário, enfiada entre alguns livros, quase imperceptível. Corri para o armário e lá estava ela, exatamente como eu havia visualizado!"

Para quem não é treinado no Controle Mental, isso parece incrível, mas, ao ler os capítulos escritos por José Silva, fundador do Método Silva de Controle Mental, você conhecerá poderes ainda mais incríveis que a sua mente pode ter. Talvez os mais surpreendentes sejam a facilidade e a rapidez com que você pode aprender a acessar tais poderes.

José Silva dedicou a maior parte de sua vida adulta a pesquisar o que a mente pode fazer ao ser treinada. O resultado é um curso de 40 a 48 horas que pode ensinar qualquer pessoa a se lembrar de coisas aparentemente esquecidas, controlar a dor, acelerar a cura, abandonar hábitos indesejados, despertar a intuição para que o sexto sentido se torne uma parte de sua vida cotidiana, ajudando a solucionar problemas. E, junto com isso tudo, vêm uma paz interior, uma alegria e um otimismo tranquilo baseado em evidências irrefutáveis de que temos mais no controle das nossas vidas do que poderíamos imaginar.

Agora, pela primeira vez em um livro, você pode aprender muito do que é ensinado no curso.

José Silva se baseou livremente em ensinamentos orientais e ocidentais, mas o produto final tem uma essência norte-americana. O curso, assim como seu fundador, é totalmente prático. Tudo o que ele ensina foi pensado para ajudar você a ter uma vida mais feliz e eficaz, aqui e agora.

Ao avançar de um exercício para outro ao longo dos capítulos do Sr. Silva, você colecionará sucessos e, assim, fortalecerá sua autoconfiança, preparando-se para realizações que, se não estiver familiarizado com o método do Controle Mental, hoje consideraria impossíveis. Mas há provas científicas de que a sua mente é capaz de operar milagres. Outra prova é a experiência bem-sucedida de mais de meio milhão de pessoas cujas vidas foram transformadas pelo Controle Mental.

Imagine poder usar a sua mente para melhorar a sua visão. "Quando eu fiz meu primeiro curso do Método Silva de Controle Mental, comecei a notar que os meus olhos estavam mudando, pareciam mais fortes. Antes do curso, eu havia usado óculos durante dez anos na infância (até a minha formatura) e depois comecei a usar de novo aos 38 anos. Sempre diziam que o meu olho esquerdo era três vezes mais fraco do que o direito.

"Em 1945, comecei a usar meus primeiros óculos, que eram de leitura, mas, em 1948 ou 1949, passei a usar bifocais, sempre aumentando o grau. Após o curso, descobri que, embora não conseguisse ler sem óculos, minha visão definitivamente ficou mais nítida. Como o grau mudava rápido, esperei bastante para fazer um novo exame. Até voltei a usar os óculos de vinte anos antes!"

"Quando o optometrista testou a minha visão, ele concordou que os meus óculos antigos atenderiam melhor a minha necessidade até que as novas lentes chegassem."

Isso pode parecer um mistério para você agora, mas, quando ler o Capítulo 10, verá como os graduados do curso fazem a mente controlar o corpo de forma a acelerar a cura natural. As técnicas são incrivelmente simples, como você verá na carta de uma mulher que perdeu 26 quilos em quatro meses:

"Primeiro, eu visualizei uma moldura escura e vi uma mesa cheia de sorvetes, bolos, enfim, vários alimentos engordativos. Desenhei um grande X vermelho na mesa e me vi em um espelho que me fez parecer bem gorda, daqueles que encontramos nas casas dos espelhos dos parques de diversão. Em seguida, visualizei uma cena envolta em luz dourada: uma mesa cheia de alimentos ricos em proteínas, como atum, ovos e carnes magras. Desenhei um enorme sinal de 'certo' dourado nesta cena e me vi em um espelho com um corpo alto e magro. Mentalmente, disse a mim mesma que eu queria comer apenas os alimentos da mesa proteica. Também ouvi todos os meus amigos me dizendo como eu estava linda e vi tudo isso acontecendo em uma data específica. Esse foi o passo mais importante, porque assim estabeleci uma meta para mim. E eu consegui! Depois de passar a vida toda fazendo dietas, acredito que esse foi o único método que funcionou."

Isso é Controle Mental: entrar em um estado meditativo profundo em que você pode treinar a própria mente para assumir o comando, usando uma linguagem imagética reforçada por palavras, que trazem resultados cada vez mais surpreendentes, sem limites para quem os coloca em prática.

Como você pode ver, este não é um livro comum. Usando etapas fáceis, o método primeiramente introduz a meditação e, em seguida, apresenta diversas maneiras pelas quais você pode usá-la, até que, ao chegar ao passo final, você consiga fazer com tranquilidade o que a maioria das pessoas acredita ser impossível.

É um livro dentro de um livro. O livro externo (Capítulos 1 e 2 e 17 a 20), escrito por Philip Miele, descreve o crescimento exponencial do método do Controle Mental e como ele beneficiou milhares de alunos. No livro interno, José Silva compartilha muitas das técnicas ensinadas nas aulas do método de Controle Mental. Como as aulas são experiências em grupo guiadas por professores qualificados, os resultados obtidos nelas são mais rápidos e mais espetaculares do que você conseguirá estudando sozinho. No entanto, se você seguir cuidadosamente as instruções de José Silva e praticar os exercícios, os resultados decerto transformarão a sua vida para melhor – não com a mesma rapidez, mas com a mesma certeza.

Há uma maneira especial de ler este livro: primeiro, leia-o como leria qualquer livro, do começo ao fim. Mas, durante a primeira leitura, não comece a praticar nenhum dos exercícios. Em seguida, releia os Capítulos 3 a 14 para ter uma visão geral mais clara dos caminhos que você percorrerá. Em seguida, leia o Capítulo 3 e pratique os exercícios propostos nele (e apenas os desse capítulo!) por algumas semanas. Quando você se sentir pronto, passe para o Capítulo 4 e assim por diante.

Ao chegar ao Capítulo 14, você já será um praticante experiente e saberá muito do que os que terminaram o curso de Controle Mental aprenderam. Para enriquecer ainda mais a sua experiência, você pode formar um pequeno grupo de amigos que praticaram os mesmos exercícios. O Capítulo 13 explica como fazer isso.

1

Tirando proveito da sua mente de uma forma especial

Imagine entrar em contato direto e ativo com uma inteligência superior e onipresente e descobrir, com a alegria de um momento de revelação espiritual, que ela está ao seu lado. Imagine também que esse contato se dá de maneira tão simples que, pelo resto da vida, você nunca mais se sentirá desconectado de algo que sempre imaginou existir, mas que nunca conseguiu alcançar: uma sabedoria útil, um insight quando você mais precisa, a sensação de uma presença amorosa e poderosa. Como você se sentiria?

Seria o auge de uma experiência não muito diferente de um despertar espiritual.

É assim que se sentirá depois dos quatro dias de treinamento do Método Silva de Controle Mental. Até agora, mais de meio milhão de pessoas já se sentiram assim. E quanto mais elas se habituam a usar os métodos que despertam tal sensação, mais elas passam a usar seus novos poderes e energias de uma forma calma e confiante e, assim, a vida delas fica mais rica, mais saudável e livre de problemas.

A seguir, José Silva explicará alguns desses métodos para que você possa começar a praticá-los. Primeiro, vamos dar uma olhada no início de uma aula do método de Controle Mental e ver o que acontece.

Para começar, há uma palestra introdutória que dura cerca de uma hora e vinte minutos. O palestrante define o que é o Controle Mental e descreve as descobertas de duas décadas de pesquisa que levaram ao desenvolvimento do método. Em seguida, ele descreve brevemente como os alunos poderão aplicar o que aprenderão para melhorar a saúde, resolver problemas cotidianos, aprender com mais facilidade e elevar a consciência espiritual. Após a explanação, vem um intervalo de vinte minutos.

Durante o café, os alunos se conhecem. Suas origens e formações são as mais variadas. Médicos, secretárias, professores, motoristas de táxi, donas de casa, estudantes do ensino secundário e universitário, psiquiatras, líderes religiosos, aposentados e muitos outros formam a configuração típica de uma turma.

Após o intervalo, há outra sessão de uma hora e vinte minutos, que se inicia com algumas perguntas e respostas. Depois, vem o primeiro exercício do treinamento, que levará os alunos a um estado mental meditativo. O palestrante explica que a meditação é um estado de relaxamento profundo, mais profundo até do que o sono, mas acompanhado por um tipo especial de consciência. Na verdade, é um estado alterado de consciência usado em praticamente todos os tipos de meditação e na oração intensiva.

Não são utilizados medicamentos ou aparelhos de biofeedback. Os palestrantes que ensinam o Controle Mental descrevem esse estado como "entrar no seu nível" ou, às vezes, "ir para Alfa". Em um exercício de trinta minutos, eles encaminham os alunos gentilmente até esse nível, dando instruções simples. Na verdade, todo o método do Controle Mental foi desenvolvido em língua corrente: não há jargões científicos ou palavras orientais.

Vários alunos já sabem meditar antes de chegar ao curso. Alguns aprenderam com métodos que levam semanas, outros passaram por meses de esforço e determinação para aprender a meditar. Eles ficam surpresos ao fazer um exercício simples que dura apenas trinta minutos.

Uma das primeiras coisas que os alunos ouvem é: "Você está aprendendo a tirar melhor proveito da sua mente de uma forma especial".

Esta é uma frase simples que eles ouvem e internalizam desde o início. O significado pleno disso é chocante: todo mundo, sem exceções, tem uma mente que pode ser treinada com facilidade para exercer poderes que os iniciantes duvidam ter. Apenas quando eles de fato sentem esses poderes é que passam a acreditar.

Outra coisa que os alunos ouvem é: "Imagine-se em seu local ideal de relaxamento". Esse é um exercício agradável, relaxante e intensamente nítido, que fortalece a imaginação e os leva a um estado de relaxamento profundo.

Um ponto importante sobre meditação: na linguagem cotidiana, meditação significa refletir sobre as coisas. Se você deixar este livro de lado por um momento e pensar no que vai jantar amanhã, estará meditando.

Mas, nas mais diversas disciplinas meditativas, a palavra tem um significado mais específico, referindo-se a um estado mental especial. Em algumas disciplinas, atingir esse nível é um fim em si mesmo, para limpar a mente de qualquer pensamento consciente. A meditação produz, então, uma calma agradável e ajuda a aliviar e prevenir doenças causadas pela tensão, como inúmeros estudos já provaram.

Mas essa é uma variação passiva da meditação. O Controle Mental vai muito além. Ele ensina o aluno a usar esse nível da mente para resolver problemas, tanto as pequenas irritações do dia a dia quanto problemas mais sérios e pesados. Trata-se da Meditação Dinâmica, cujo poder é bastante espetacular.

Ouvimos falar cada vez mais sobre o estado Alfa. É um padrão de ondas cerebrais, uma espécie de energia elétrica produzida pelo cérebro, e pode ser medido em um eletroencefalograma (EEG). O ritmo dessa energia é medido em ciclos por segundo (CPS). Geralmente, se esse ritmo for de catorze CPS ou mais, são chamados de ondas Beta; as ondas Alfa têm cerca de sete a catorze CPS; já as ondas Teta, de quatro a sete CPS; e as ondas Delta, quatro ou menos CPS.

Quando você está bem desperto, ativo, trabalhando e realizando coisas no mundo do trabalho, você está em Beta, ou na "consciência externa", para usar a terminologia do método do Controle Mental. Quando você está sonhando acordado, ou prestes a dormir, mas ainda não caiu no sono, ou acabando de acordar, mas ainda não bem desperto, você está em Alfa. O método de Controle Mental chama isso de "consciência interna". Quando você está dormindo, está em Alfa, Teta ou Delta, e não apenas em Alfa, como muitos acreditam. Com o treinamento do método do Controle Mental, você poderá entrar no nível Alfa quando quiser e permanecer totalmente alerta.

Você pode estar se perguntando qual é a sensação de entrar nesses diferentes níveis mentais.

Estar em Beta, ou bem desperto, não produz nenhuma sensação diferente. Você pode se sentir confiante ou com medo, ocupado ou ocioso, absorto ou entediado. As possibilidades em Beta são infinitas.

Nos níveis mais profundos, as possibilidades são limitadas para a maioria das pessoas. A vida as ensinou a funcionar em Beta, mas não em Alfa ou Teta. Nesses níveis mais profundos, as pessoas ficam limitadas a devaneios, ao estado que precede o sono ou ao próprio sono. Mas, com o treinamento do Controle Mental, começam a surgir infinitas possibilidades mais úteis para esses estados. Como Harry McKnight, diretor associado do Método Silva de Controle Mental, escreveu: "A dimensão Alfa tem um conjunto completo de faculdades sensoriais, assim como a Beta". Em outras palavras, as coisas que podemos fazer em Alfa são diferentes das que podemos fazer em Beta.

Esse é um conceito importante no Controle Mental. Uma vez que se familiarize com essas faculdades sensoriais e aprenda a usá-las, você usará a sua mente de uma maneira especial. Você de fato atuará psiquicamente sempre que quiser, acessando a Inteligência Superior.

A maioria das pessoas procura o Controle Mental como uma forma de relaxar, acabar com a insônia, aliviar dores de cabeça ou aprender a fazer coisas que exigem grande força de vontade, como parar de fumar, perder peso, melhorar a memória, estudar com mais eficiência. É para isso que a maioria delas vem até o método, mas elas acabam aprendendo muito, muito mais.

Elas aprendem que os cinco sentidos (tato, paladar, olfato, audição e visão) são apenas uma parte dos sentidos inatos. Existem outros, chamados de poderes ou sentidos, que antes eram conhecidos apenas por poucos místicos talentosos que os desenvolveram ao longo de vidas afastadas do mundo cotidiano. A missão do Controle Mental é nos treinar para despertar esses poderes.

O que esse despertar pode significar foi bem explicado pela editora da revista de beleza *Mademoiselle*, Nadine Bertin, na edição de março de 1972:

"A cultura das drogas tem suas pílulas, compostos em pó e injeções que expandem a consciência. Eu prefiro a sobriedade. O Controle Mental expande a mente. Ele ensina COMO expandi-la. O método recebe esse nome tão adequado porque, ao contrário das drogas ou da hipnose, é *você* que fica no *controle*. Os únicos limites da expansão da mente, do autoconhecimento e do altruísmo por meio do Controle Mental são impostos por você. TUDO é possível. Você ouve relatos de tudo o que aconteceu com outras pessoas. E, de repente, você vê acontecendo também consigo."

2

Conheça José

José Silva nasceu em 11 de agosto de 1914, em Laredo, Texas. Seu pai morreu quando ele tinha quatro anos. Sua mãe logo se casou novamente, e ele, sua irmã mais velha e seu irmão mais novo foram morar com a avó. Dois anos depois, ele se tornou o arrimo da família, vendendo jornais, engraxando sapatos e fazendo bicos. À noite, ele observava a irmã e o irmão fazerem a lição de casa, e eles o ajudavam a aprender a ler e escrever. Ele nunca frequentou a escola, exceto para ensinar.

José começou a sair da pobreza um dia quando estava esperando para ser atendido em uma barbearia. Ele pegou algo para ler. Era uma aula de um curso por correspondência sobre como consertar rádios. José pediu o material emprestado, mas o barbeiro só emprestou mediante pagamento e com a condição de que José fizesse os testes ao final do curso em nome do barbeiro. A cada semana, José pagava um dólar, lia a lição e fazia o teste.

Pouco tempo depois havia um diploma pendurado na barbearia, enquanto, do outro lado da cidade, José, aos quinze anos, começava a consertar rádios. Com o passar dos anos, sua oficina se tornou uma das maiores da região e assim ele conseguiu ganhar o dinheiro de que precisava para pagar pela educação dos irmãos, casar-se e, mais tarde, juntar meio milhão de dólares para financiar os vinte anos de pesquisa que levaram ao desenvolvimento do método de Controle Mental.

Outro homem diplomado, mas com mais méritos do que o barbeiro, sem querer deu o pontapé inicial na pesquisa. Tratava-se de um psiquiatra cujo trabalho era questionar homens que assumiriam postos no Signal Corps, unidade de controles de radar do exército norte-americano, durante a Segunda Guerra Mundial.

"Você faz xixi na cama?" José ficou pasmo.

"Você gosta de mulheres?" José, à época pai de três filhos e que mais tarde viria a ter dez, ficou estarrecido.

Com certeza, pensou ele, aquele homem sabia tanto sobre a mente humana quanto o barbeiro sabia sobre rádios. Por que fazer perguntas tão idiotas?

Foi aquele momento de perplexidade que encorajou José a iniciar uma verdadeira odisseia de pesquisas científicas que o levou a se tornar, sem diplomas ou certificados, um dos estudiosos mais criativos de sua época. Por meio de seus escritos, Freud, Jung e Adler se tornaram os seus primeiros professores.

As perguntas estúpidas ganharam significados mais profundos, e logo José estava preparado para fazer sua própria pergunta: é possível melhorar a capacidade de aprendizado de uma pessoa, ou aumentar seu Q.I., usando a hipnose? Naquela época, acreditava-se que o Q.I. era algo com que nascemos, mas José não tinha tanta certeza.

A pergunta ficou sem resposta durante todo o tempo em que ele estudou eletrônica avançada para se tornar instrutor no Signal Corps. Quando foi dispensado, com apenas duzentos dólares no bolso e nenhum dinheiro guardado, começou a reconstruir o seu negócio aos poucos. Ao mesmo tempo, assumiu o cargo de professor de meio período no Laredo Junior College, onde supervisionou outros três professores e foi encarregado de montar os laboratórios de eletrônica da escola.

Cinco anos depois, com a chegada da televisão no mercado, sua oficina de consertos começou a prosperar e José abandonou a carreira de professor. Seu negócio voltou a ser o maior da cidade. Suas jornadas de trabalho terminavam por volta das nove da noite. Ele jantava, ajudava a colocar as crianças na cama e, quando a casa estava em silêncio, estudava por cerca de três horas. Ele aprofundou os estudos no tema da hipnose.

O que ele aprendeu sobre hipnose, somado ao que ele já sabia sobre eletrônica, somado a algumas notas baixas nos boletins dos seus filhos, levaram-no de volta à pergunta que já havia feito antes: a capacidade de aprendizado, ou o Q.I., pode ser melhorada por meio de algum tipo de treinamento mental?

José sabia que a mente gerava eletricidade, pois havia lido sobre experimentos do início do século que demonstravam a existência das ondas Alfa. E sabia, por conta do seu trabalho com eletrônicos, que o circuito ideal é aquele com a menor resistência, ou impedância, porque faz melhor uso da energia elétrica. O cérebro funcionaria de uma forma mais eficaz se a impedância fosse reduzida? E será que a impedância do cérebro *poderia* ser reduzida?

José começou a usar hipnose para acalmar os filhos e descobriu algo que para muitos parecia ser um paradoxo: o cérebro gera mais energia quando está menos ativo. Em frequências mais baixas, o cérebro recebe e armazena mais informações. O maior problema era entender como manter a mente alerta nessas frequências, que tendem a ser mais associadas a estados de devaneio e sono do que a atividades práticas.

A hipnose proporcionou a receptividade que José procurava, mas não o tipo de pensamento independente que conduz a um raciocínio que favorece a compreensão. Não basta ter a cabeça cheia de fatos memorizados: é necessário também ter discernimento e compreensão.

José logo deixou a hipnose de lado e começou a testar exercícios de treinamento mental para acalmar o cérebro e mantê-lo mais alerta, de uma forma mais independente do que na hipnose. Ele acreditou que isso levaria a uma melhoria na memória, combinada a um aumento na compreensão e, portanto, a níveis mais altos de Q.I.

Os exercícios que deram origem ao método de Controle Mental exigiam que o sujeito ficasse concentrado, mas relaxado, permitindo uma visualização mental vívida como forma de atingir frequências mais baixas. Uma vez alcançadas, essas frequências se mostravam mais eficazes do que a frequência Beta para estimular o aprendizado. A prova disso foram os seus próprios filhos, que passaram a tirar notas cada vez mais altas ao longo de um período de três anos, enquanto ele continuava aprimorando suas técnicas.

José foi o pioneiro de um método muito expressivo, que outras pesquisas, principalmente relacionadas a biofeedback, viriam a comprovar mais tarde. Ele foi a primeira pessoa a provar que podemos aprender a operar nas frequências cerebrais Alfa e Teta.

Outra novidade tão surpreendente quanto esta ainda estava por vir.

Certa noite, a filha de José havia entrado no seu "nível" (para usar a terminologia atual do método do Controle Mental), e José repassava a matéria com ela, fazendo perguntas. Enquanto ela respondia, ele já bolava a próxima pergunta mentalmente. Era assim que costumava acontecer, e a sessão de estudos corria igual a centenas outras anteriores. De repente, silenciosamente, o processo mudou. Ela respondeu a uma pergunta que seu pai ainda não havia feito. E depois outra. E mais outra. Ela estava lendo a mente dele!

Isso aconteceu em 1953, quando a Percepção Extrassensorial (PES) estava se tornando um assunto digno de pesquisa científica, em grande parte por conta do trabalho publicado pelo Dr. J. B. Rhine, da Duke University. José escreveu ao Dr. Rhine para relatar que havia treinado a filha, ensinando práticas de PES, e recebeu uma resposta decepcionante. O Dr. Rhine deu a entender que a garota poderia já ser psíquica antes de começar o treinamento. Sem um teste prévio, não era possível concluir nada.

Enquanto isso, os vizinhos de José notaram que o desempenho escolar de seus filhos havia melhorado significativamente. No início dos experimentos, eles ficaram desconfiados de suas pesquisas sobre o desconhecido, um desconhecido que talvez fosse protegido por forças com as quais não se deveria brincar. No entanto, os êxitos de um homem que trabalhara com seus próprios filhos não poderiam ser ignorados. Será que José também poderia treinar os filhos dos vizinhos?

Depois da carta do Dr. Rhine, era exatamente disso que José precisava. Se ele conseguisse realizar com outra criança o que havia conseguido realizar com a própria filha, aquilo representaria o tipo de experimento repetível fundamental para o método científico.

Nos dez anos seguintes, ele treinou 39 crianças de Laredo, com resultados ainda melhores, porque suas técnicas melhoravam a cada criança. Assim, outro marco foi atingido: ele desenvolveu o primeiro método da história que poderia ensinar qualquer pessoa a usar a PES e tinha 39 experimentos repetíveis comprovando seu feito. Agora ele precisava aperfeiçoar o método.

Em três anos, José desenvolveu o curso que é usado até hoje. O curso dura de 40 a 48 horas e é tão eficaz com adultos quanto com crianças. Até agora, o curso foi validado por cerca de 500 mil "experimentos", um índice de repetibilidade que nenhum cientista sensato teria coragem de ignorar.

A pesquisa, que durou longos anos, foi financiada pelo crescente negócio de eletrônicos de José. Não havia nenhuma bolsa de pesquisa de universidades, de fundações ou do governo disponível para um campo de pesquisa tão excêntrico. Hoje, a Mind Control é uma empresa familiar de sucesso e grande parte de seus lucros é destinada a financiar mais pesquisas e sustentar seu crescimento acelerado. Existem palestrantes ou centros do método de Controle Mental em todos os cinquenta estados dos Estados Unidos e em 34 outros países.

Mesmo com todo esse sucesso, José não se tornou uma celebridade, nem um guru ou líder espiritual com seguidores ou discípulos. Ele é um homem simples, que fala com um raro sotaque mexicano-americano suave. José é um homem forte e corpulento, com uma expressão gentil que se transforma facilmente em um sorriso.

Quem perguntar a José o que o sucesso significa para ele receberá como resposta uma enxurrada de casos de sucesso. Alguns exemplos:

Uma mulher escreveu para o jornal *Herald American*, de Boston, implorando por algum jeito de ajudar o marido, que sofria de enxaquecas. O jornal publicou sua carta em um dia e, no dia seguinte, publicou outra, de alguém também perguntando sobre alguma maneira de controlar as fortes dores de cabeça.

Uma médica leu essas cartas e respondeu, contando que sofrera com enxaquecas a vida toda. Mas, após fazer o curso de Controle Mental, nunca mais teve nenhuma enxaqueca. "E, acredite, a aula introdutória seguinte ficou abarrotada de gente. Completamente abarrotada."

Outro médico, um famoso psiquiatra, aconselha o Controle Mental a todos os seus pacientes, porque o curso lhes abre a mente de uma forma que, em alguns casos, seriam necessários dois anos de terapia para obter um resultado semelhante.

Um grupo de recém-formados abriu uma cooperativa de marketing, usando o que havia aprendido no curso de Controle Mental para inventar novos produtos e criar formas de comercializá-los. No terceiro ano de atuação, a empresa já tem dezoito produtos lançados no mercado.

Um publicitário costumava levar cerca de dois meses para criar uma campanha para novos clientes, que é o tempo que se leva em média na sua área. Agora, com o Controle Mental, em vinte minutos as ideias de partida lhe vêm à mente e o restante do trabalho é realizado em duas semanas.

Catorze jogadores do Chicago White Sox fizeram o curso de Controle Mental. As estatísticas individuais de todos os jogadores melhoraram, algumas drasticamente.

O marido de uma mulher obesa sugeriu que ela tentasse fazer o curso de Controle Mental, após ver todas as suas tentativas de dieta fracassarem. Ela concordou, desde que ele também participasse. Ela perdeu dez quilos em seis semanas, e ele parou de fumar.

Um professor universitário de Farmácia ensina técnicas de Controle Mental para os seus alunos. "As notas subiram em todas as matérias. Eles precisam estudar menos e estão mais tranquilos. Todo mundo sabe usar a imaginação. Eu só faço os meus alunos praticarem mais. Eu mostro a eles que a imaginação é útil e que há uma espécie de realidade na imaginação, da qual eles podem fazer uso."

Embora José sorria com facilidade, quando ele ouve "José, você mudou minha vida!", seu sorriso desaparece por um momento e ele diz: "Não, não fui eu que fiz isso. Foi você que fez, com a sua própria mente".

A partir do próximo capítulo, José mostrará como você pode usar a sua mente para mudar de vida.

3

Como meditar

(Observação: os próximos capítulos, até o Capítulo 16, escritos por José Silva, podem estar entre os textos mais importantes que você lerá na vida. José ensinará os elementos básicos do seu curso do Método Silva de Controle Mental. Para tirar pleno proveito dos capítulos escritos por José, preste bastante atenção na forma como você os lê. Você encontrará as instruções na Introdução.)

Eu vou lhe ajudar a aprender a meditar. Quando você aprender, entrará em um nível mental em que conseguirá usar sua imaginação para resolver problemas. Mas, por enquanto, vamos nos preocupar apenas com a meditação. Trataremos da resolução de problemas mais tarde.

Como você aprenderá sem um professor experiente, usarei um método um pouco diferente e um pouco mais lento do que usamos nas aulas do método do Controle Mental. Isso não será um problema para você.

Se você quer apenas aprender a meditar e nada mais, também poderá resolver problemas. A meditação desperta algo belo, e essa beleza que você encontra é tranquilizadora. Quanto mais você meditar e quanto mais fundo mergulhar dentro de si mesmo, mais você entenderá a força da paz interior que sentirá e nada na vida será capaz de destruí-la.

Seu corpo também colherá os benefícios. No início, você descobrirá que os sentimentos de culpa e as preocupações desaparecem enquanto você medita. Uma das belezas da meditação no estado Alfa é que você não consegue trazer sentimentos de culpa e raiva para esse estado. Se esses sentimentos surgirem, você sairá do estado meditativo. Com o passar do tempo, eles ficarão mais distantes, até que um dia desaparecerão por completo. Isso significa que a atividade mental que adoece o seu corpo será neutralizada. O corpo foi concebido para ser saudável. Ele tem seus próprios mecanismos de cura, que são bloqueados em mentes não treinadas para o autocontrole. A meditação é o primeiro passo no Método do Controle Mental. Por si só, ela já fará muita diferença na liberação dos poderes de cura do corpo e devolverá a energia que antes era desperdiçada com tensões*.

Você encontrará abaixo tudo o que precisa para alcançar o estado mental Alfa, ou o estado meditativo:

Ao acordar de manhã, vá ao banheiro, se precisar, e depois volte para a cama. Programe o seu despertador para quinze minutos depois, caso você adormeça durante o exercício. Feche os olhos e olhe para cima a um ângulo de vinte graus, com as pálpebras fechadas. Por motivos não totalmente conhecidos, esta posição dos olhos, por si só, fará com que o cérebro produza ondas Alfa.

Agora, lentamente, faça uma contagem regressiva de cem a um, em intervalos de cerca de dois segundos. Concentre a sua mente apenas na contagem. Assim, você entrará em Alfa pela primeira vez.

Nas aulas de Controle Mental, os alunos demonstram diversas reações a essa primeira experiência, desde "Foi lindo!" até "Não senti

---

* Você lerá sobre casos assim em capítulos posteriores.

nada". A diferença não se trata do que de fato acontece com eles, mas sim da familiaridade que eles já têm com esse nível mental. Pode ser menos ou mais familiar, a depender da pessoa. A razão disso é que, quando acordamos pela manhã, muitas vezes ficamos em Alfa por um tempo. Para ir de Teta, o nível do sono, para Beta, o estado desperto, precisamos passar por Alfa e muitas vezes ficamos nesse nível durante a nossa rotina matinal.

Se você sentir que nada aconteceu durante o primeiro exercício, isso significa apenas que você já esteve em Alfa muitas vezes antes sem perceber. Apenas relaxe, não questione e continue fazendo os exercícios.

Mesmo que entre em Alfa já na primeira tentativa se você se concentrar, ainda serão necessárias sete semanas de prática para atingir os níveis mais baixos de Alfa, para então partir para Teta. Use o método da contagem regressiva de cem para um por dez manhãs. Em seguida, passe a contar de cinquenta até um, depois de 25 até um, de dez até um e, finalmente, cinco até um, por dez manhãs cada.

Desde o primeiro momento em que você entrar no seu nível Alfa, use um único método para sair dele. Isso é importante para lhe dar maior controle e evitar que você saia dele de modo espontâneo.

O método que usamos no Controle Mental é dizer mentalmente: *"Vou sair devagar enquanto conto de um a cinco e me sentir bem desperto e melhor do que antes. Um... dois... prepare-se para abrir os olhos... três... abra os olhos... quatro... cinco... olhos bem abertos, bem acordados, sentindo-me melhor do que antes".*

Assim, você estabelecerá duas rotinas: uma para entrar no seu nível e outra para sair. Se você mudar a rotina, terá de aprender a aplicar a nova versão da mesma forma como aprendeu a aplicar a primeira. É um trabalho inútil.

Quando você aprender a entrar no seu nível com a contagem regressiva de cinco a um pela manhã, já estará pronto para entrar no seu nível a qualquer hora do dia, sempre que quiser. Tudo que você precisa é de dez ou quinze minutos livres. Como você estará no nível Beta, não em Alfa leve, você precisará de um pouco mais de treinamento.

Sente-se em uma cadeira confortável ou em uma cama, com os pés apoiados no chão. Deixe as mãos repousarem soltas no seu colo. Se preferir, sente-se de pernas cruzadas, em posição de lótus. Mantenha a cabeça bem erguida, não caída. Agora, comece concentrando-se em uma parte do corpo, depois passe para outra, para relaxar conscientemente. Comece com o pé esquerdo, depois passe para toda a perna esquerda. Em seguida, passe para o pé direito e assim por diante, até chegar à garganta, ao rosto, aos olhos e, finalmente, ao couro cabeludo. Na primeira vez que você fizer esse relaxamento, ficará surpreso ao perceber a tensão que estava presente no seu corpo.

Agora, escolha um ponto localizado a cerca de 45 graus acima do nível dos seus olhos, no teto ou na parede à sua frente. Olhe para esse ponto até que suas pálpebras comecem a pesar, deixe-as fechar. Comece a contagem regressiva de cinquenta para um. Faça isso por dez dias, depois faça a contagem de dez até um por mais dez dias, depois passe a contar de cinco até um. Como você já não precisa fazer essa prática apenas pela manhã, estabeleça uma rotina de meditação duas ou três vezes ao dia, durante cerca de quinze minutos por sessão.

O que acontece depois que você entra no seu nível? No que você pensa?

Desde o início, a partir do primeiro momento em que você atinge o seu nível meditativo, pratique visualizações. Esse é um aspecto central do Controle Mental. Quanto melhor forem as suas visualizações, mais poderosa será a sua experiência com o Controle Mental.

O primeiro passo é criar uma ferramenta de visualização, ou uma tela mental. Ela deve ser do tamanho de uma tela de cinema, mas não deve preencher todo o espaço da sua visão mental. Imagine-a cerca de dois metros à sua frente. Nessa tela, você projetará aquilo em que quer se concentrar. Mais adiante, haverá outros usos para ela.

Depois de construir essa tela na sua mente, projete nela algo familiar e simples, como uma laranja ou uma maçã. Cada vez que você entrar no seu nível, use apenas uma imagem. Você pode alterá-la na próxima vez. Concentre-se em torná-la cada vez mais real: três dimensões, cores, todos os detalhes. Não pense em mais nada.

Dizem que o cérebro é como um macaco bêbado: ele pula, quer você queira ou não, de um lado para o outro. É surpreendente como não temos quase nenhum controle sobre o nosso cérebro, apesar do excelente trabalho que às vezes ele faz por nós. Outras vezes, porém, ele opera sem o nosso consentimento, traindo-nos ao criar dores de cabeça, erupções cutâneas e até mesmo úlceras. O cérebro é muito poderoso, poderoso demais para ficar fora do nosso controle. Quando aprendamos a usar a mente para treiná-lo, ele fará coisas surpreendentes, como você verá em breve.

Enquanto isso, seja paciente e faça este exercício simples. Usando a sua mente, treine o seu cérebro para estar em silêncio ao entrar em Alfa e realizar apenas o trabalho de criar uma imagem simples, cada vez mais vívida. No início, quando algum pensamento se intrometer, não se cobre tanto. Afaste os pensamentos lentamente e retorne ao único objeto que há diante de você. Ficar irritado ou tenso tirará você do estado Alfa.

É assim que a meditação é amplamente praticada em todo o mundo. Se você fizer apenas isso, experimentará o que William Wordsworth chamou de "uma feliz quietude da mente" e uma paz interior profunda e duradoura. Cada vez que você atingir níveis mais profundos da mente, terá uma experiência ainda mais emocionante. Mas logo ficará fácil e você não sentirá mais a mesma emoção. Quando isso acontece, muitas pessoas desistem. Esquecem que essa etapa não é o fim da viagem, mas o primeiro passo rumo ao que pode ser a viagem mais importante que já fizeram.

4

Meditação dinâmica

A meditação passiva sobre a qual você acabou de ler (e que espero que experimente em breve) pode ser realizada de outras maneiras. Em vez de se concentrar em uma imagem visual, você pode se concentrar em um som, como OM ou AMÉM, proferindo-o em voz alta ou mentalmente, ou na sensação de sua respiração. Você pode se concentrar em um ponto de energia do seu corpo, em tambores batendo ou em uma dança, ou pode ouvir um canto gregoriano enquanto observa a encenação de um ritual religioso. Todos esses métodos e algumas combinações entre eles levarão você a um nível mental calmo e meditativo.

Eu prefiro usar a contagem regressiva para entrar no meu nível, porque a contagem exige concentração, e a concentração é a chave para o sucesso. Depois de entrar no seu nível várias vezes com este método, sua mente irá associá-lo a um resultado bem-sucedido e o processo será mais automático.

Todo resultado bem-sucedido no Controle Mental se torna aquilo que chamamos de "ponto de referência", a partir do qual podemos voltar à experiência de forma consciente ou inconsciente, repetir e dar os próximos passos.

Quando você entrar no nível meditativo, não basta ficar lá esperando algo acontecer. A meditação é de fato uma experiência bonita e tranquilizante, e com certeza contribui para a saúde, mas isso é apenas uma pequena parte de tudo que é possível realizar. Vá além da meditação passiva: treine a sua mente para atividades organizadas e dinâmicas, para as quais acredito que ela foi projetada, e os resultados vão surpreendê-lo.

Eu friso esse aspecto porque agora é o momento de irmos além da técnica da meditação passiva sobre a qual você acabou de ler e aprender a usar a meditação de forma dinâmica para resolver problemas. Você entenderá agora por que o simples exercício de visualizar uma maçã, ou qualquer outro objeto, em uma tela mental é tão importante.

Antes de atingir seu nível, pense em algo agradável (pode ser qualquer coisa banal) que aconteceu ontem ou hoje. Reveja o ocorrido em sua mente, então mergulhe em seu nível e projete tudo o que aconteceu na sua tela mental. Quais eram as visões, os cheiros, os sons e os sentimentos naquele momento? Visualize todos os detalhes. Você ficará surpreso com a diferença entre a memória Beta do ocorrido e a lembrança Alfa dele. É quase tão diferente quanto dizer a palavra "nadar" e nadar de fato.

E para que isso serve? Primeiro, serve como um trampolim para algo maior. Segundo, é útil por si só. Veja como você pode usar o que aprender:

Pense em algum pertence seu que não está perdido, mas que você levaria um tempo para encontrar. Talvez a chave do seu carro. Está na mesa, no bolso, no carro? Se você não tiver certeza, entre no seu nível, pense na última vez em que esteve com o objeto em mãos e reviva o momento. Agora, avance no tempo e você localizará os objetos, se eles estiverem onde você os deixou. (Se outra pessoa pegou os objetos, você tem outro problema para resolver, que requer técnicas muito mais avançadas.)

Imagine um aluno ao tentar lembrar o dia da prova: o professor informou que seria nesta quarta-feira ou será que ele disse na próxima quarta-feira? Ele pode resolver essa dúvida sozinho, entrando em Alfa.

Esses são típicos probleminhas cotidianos que essa simples técnica de meditação pode resolver.

Agora, vamos dar um grande salto adiante. Vamos conectar um evento real com um evento desejável que você imagina e ver o que acontece com o evento imaginado. Se você agir de acordo com algumas leis muito simples, o evento imaginado irá se tornar real.

Lei 1: você precisa desejar que o evento aconteça. "A primeira pessoa que eu vir na rua amanhã vai assoar o nariz" é um plano tão inútil que a sua mente não vai nem se importar com ele. Portanto, é improvável que funcione. Que o seu chefe seja mais agradável, que um determinado cliente seja mais receptivo às suas vendas, que você consiga sentir prazer com uma tarefa que normalmente acha desagradável são possíveis planos que podem despertar desejo em certa medida.

Lei 2: você deve acreditar que o evento pode acontecer. Se o seu cliente já tem um bom estoque do produto que você tem a oferecer, não é razoável acreditar que ele esteja disposto a comprar. Se você não consegue acreditar que o evento pode acontecer, sua mente trabalhará contra ele.

Lei 3: você deve esperar que o evento aconteça. Esta é uma lei sutil. As duas primeiras são simples e passivas, enquanto a terceira é mais dinâmica. É possível desejar um evento, acreditar que ele possa acontecer e, ainda assim, não esperar que ele aconteça. Você quer que o seu chefe seja agradável, sabe que ele pode ser, mas talvez não espere tanto assim. É aí que entram o Controle Mental e a visualização eficaz, como veremos em breve.

Lei 4: você *não pode* criar um problema. Não é não *deve*, é não *pode*. Esta é uma lei básica, que se sobrepõe. "Não seria ótimo se eu conseguisse fazer meu chefe fazer uma besteira tão grande que causasse a sua demissão e eu conseguisse o emprego dele?" Quando você atua dinamicamente em Alfa, está em contato com a Inteligência Superior, e, a partir dessa perspectiva, um evento desses não seria nada bom. Você pode puxar o tapete do seu chefe e fazê-lo ser demitido, mas será por sua própria conta e risco – e em Beta. Em Alfa, isso não vai funcionar.

Se no seu nível meditativo você tentar sintonizar algum tipo de inteligência para ajudar com algum desígnio maligno, será tão inútil quanto tentar sintonizar um rádio em uma estação que não existe.

Há quem me acuse de ser excessivamente otimista nesse ponto. Milhares de pessoas sorriem com certa pena quando eu falo da absoluta impossibilidade de fazer mal em Alfa. Elas precisam aprender por si mesmas. Há muito mal neste planeta, e nós, humanos, já fazemos mal o bastante. E o mal é feito em Beta, não em Alfa, nem em Teta e provavelmente também não em Delta. A minha pesquisa provou isso.

Eu sempre recomendo nem perder tempo, mas, se você precisa de provas, entre no seu nível e tente causar uma dor de cabeça em alguém. Se você visualizar esse "evento" com a vividez necessária, terá o seguinte resultado: você, não a sua vítima, terá uma dor de cabeça e/ou sairá de Alfa.

Isso não soluciona todas as dúvidas que você possa ter sobre os potenciais bons e maus da mente. Voltaremos a falar disso mais adiante. Por enquanto, escolha um evento que seja uma solução para um problema, algo que você deseja, acredita que pode acontecer e, com o exercício a seguir, que você aprenderá a esperar.

Você deve fazer o seguinte:

Escolha um problema real que você enfrenta, que ainda não tenha resolvido. Por exemplo, digamos que o seu chefe anda mal-humorado nos últimos dias. Há três passos a seguir quando você entrar no seu nível:

> **Passo 1:** na sua tela mental, recrie completamente um evento recente relacionado ao problema. Reviva-o por um momento.
>
> **Passo 2:** afaste, com gentileza, a cena da tela, movendo-a para a direita. Traga para a tela outra cena que acontecerá amanhã. Nesta cena, seu chefe está recebendo boas notícias e todos ao redor dele estão alegres. O humor dele está nitidamente melhor agora. Se você souber qual era a causa do problema, visualize a solução acontecendo. Visualize-a com a mesma vivacidade com a qual visualizou o problema.
>
> **Passo 3:** agora, empurre esta cena para fora da tela, movendo-a para a direita, e substitua-a pela outra da esquerda. O chefe agora está feliz, bastante agradável. Sinta essa cena como se ela tivesse de fato acontecido. Mantenha-se nela por um tempo, experimente todas as sensações que ela proporciona.

Agora, ao contar até cinco, você despertará, sentindo-se melhor do que antes. Você pode ter certeza de que acabou de colocar em funcionamento forças que agirão para ajudar a criar o evento que você deseja.

Vai funcionar sempre, invariavelmente, sem problemas?

Não.

Mas, se você persistir, o que você perceberá é o seguinte: alguma das suas primeiras sessões de meditação para resolução de problemas vai funcionar. Quando isso acontecer, quem poderá dizer que não foi uma coincidência? Afinal, o evento que você escolheu tinha de ser provável o suficiente para você acreditar que ele poderia se materializar. Depois, funcionará pela segunda vez. E pela terceira. As "coincidências" vão se acumulando. Se você abandonar as suas atividades de Controle Mental, haverá menos coincidências. Retome-as, e as coincidências serão multiplicadas novamente.

Além disso, à medida que você potencializa as suas habilidades, perceberá que será possível acreditar e esperar eventos cada vez menos prováveis. Com o tempo, com a prática, os resultados alcançados serão cada vez mais surpreendentes.

Ao trabalhar em cada problema, comece revivendo por um instante a sua melhor e mais próspera experiência anterior. Quando uma experiência próspera ainda melhor acontecer, deixe a anterior para trás e passe a usar a experiência melhor como ponto de referência. Dessa forma, você se tornará "cada vez melhor", para usar uma frase com um significado muito especial para nós no Controle Mental.

Tim Masters, um estudante universitário e motorista de táxi de Fort Lee, Nova Jérsei, usa o tempo que fica esperando entre uma corrida e outra para meditar. Quando o movimento está fraco, ele projeta uma solução em sua tela mental: uma pessoa carregando malas e querendo ir ao Aeroporto Kennedy. "Nas primeiras vezes que tentei, não deu em nada. Mas então aconteceu: um homem com malas, indo para o aeroporto. Em outro dia, projetei aquele homem na minha tela e senti aquela sensação que temos quando as coisas estão dando certo, então veio outro passageiro querendo ir para o aeroporto. Dá certo! É como uma sequência infinita de vitórias!"

Antes de passarmos para os próximos exercícios e técnicas, quero chamar atenção para algo que você deve estar se perguntando: por que mover as cenas da esquerda para a direita nas nossas telas mentais? Posso explicar brevemente agora, mas essa questão será tratada em maiores detalhes mais tarde.

Meus experimentos mostraram que os níveis mais profundos de nossas mentes sentem o tempo correndo da esquerda para a direita. Em outras palavras, o futuro é percebido como um momento à nossa direita e o passado é percebido à esquerda. Poderíamos muito bem falar disso agora, mas há outras coisas que precisamos entender antes.

5

Como melhorar a memória

As técnicas de memorização ensinadas no Controle Mental podem reduzir a nossa necessidade de usar agendas telefônicas e, assim, poderemos impressionar as pessoas à nossa volta. Mas se eu quiser saber um número telefônico, basta procurar. Talvez, alguns graduados do curso de Controle Mental até usem as suas habilidades para se lembrarem de números de telefone, mas, como eu disse no capítulo anterior, o desejo é importante para fazer as coisas acontecerem, e eu não desejo tanto assim me lembrar de um número de telefone. Se eu precisasse atravessar a cidade toda vez que precisasse de um, meu desejo aumentaria.

É insensato usar as técnicas de Controle Mental para assuntos que não sejam importantes, justamente por conta dessa trilogia de desejo, crença e expectativa. Mas será mesmo que a nossa memória é tão eficiente quanto gostaríamos? A sua memória pode melhorar de forma inesperada se você dominar as técnicas descritas nos capítulos anteriores. Sua nova habilidade de visualizar e recriar eventos passados ao entrar em Alfa acaba, de certa forma, transferindo-se para Beta. Então, sem grandes esforços, a sua mente pode começar a trabalhar de novas maneiras para você. Mas, ainda assim, é possível melhorar.

Nas aulas de Controle Mental, temos um exercício especial de visualização. Neste exercício, o professor escreve de um a trinta em um quadro, depois os alunos dizem nomes de objetos (bola de neve, patins, protetor de ouvido), o que vier à mente. O professor, em seguida, escreve as palavras ao lado dos números, afasta-se do quadro e repete as palavras em ordem. Os alunos falam qualquer palavra, e o professor diz o respectivo número.

Não é um truque de mágica, mas sim uma aula de visualização. O professor memorizou uma palavra para cada número. Assim, cada número evoca uma imagem visual da respectiva palavra. Chamamos essas imagens de "ganchos de memória". Quando um aluno diz uma palavra, o professor a combina de maneira literal ou imaginativa com a imagem que ele associou ao número da palavra. O gancho de memória para o número dez é "dedos do pé". Se um aluno diz "bola de neve" para a décima palavra, a imagem resultante pode ser uma bola de neve na ponta dos seus pés. Não é uma tarefa difícil para uma mente treinada a visualizar.

Para aprender os ganchos de memória, os alunos precisam entrar no nível deles e o professor deve repeti-los lentamente. Então, quando eles tentarem memorizar os ganchos em Beta, o trabalho ficará mais fácil, porque as palavras já serão familiares.

Não vou me estender sobre os ganchos de memória aqui neste livro, porque demandaria muito tempo e espaço para ensiná-los. Você já tem em mãos uma técnica poderosa para melhorar a sua visualização e a sua memória ao mesmo tempo: a tela mental.

Qualquer coisa que você acredita ter esquecido está associada a um evento. Se for um nome, o evento é a hora em que você ouviu ou leu tal nome. Tudo o que você precisa fazer, depois de aprender a trabalhar com a sua tela mental, é visualizar um evento passado envolvendo a questão que você acredita ter esquecido, e ela estará lá.

Digo "a questão que você *acredita* ter esquecido" porque, na realidade, você nunca se esquece de nada. Você simplesmente não se lembra. Há uma diferença significativa.

O mundo da publicidade nos oferece um bom exemplo da diferença entre memória e lembrança. Todos nós vemos comerciais de televisão. São tantos e tão breves que, se nos pedissem para listar cinco ou dez que vimos na semana passada, conseguiríamos citar apenas três ou quatro, no máximo.

Uma das maneiras pela qual a publicidade estimula vendas é fazendo com que nos "lembremos" de um produto sem termos consciência disso.

É pouco provável que esqueçamos alguma coisa de verdade. Nosso cérebro esconde as imagens dos eventos mais triviais. Quanto mais vívida a imagem e mais importante ela é para nós, com mais facilidade nos lembramos dela.

Quando um eletrodo toca suavemente um cérebro exposto durante uma cirurgia, ele irá despertar um evento "esquecido" há muito tempo, com todos os detalhes, tão vividamente que os sons, cheiros e visões são sentidos de fato. Naquela situação, é o cérebro que está sendo tocado, não a mente. Por mais reais que sejam os flashbacks que o cérebro oferece à consciência do paciente, ele saberá que não estava de fato revivendo-os. É a mente que entra em ação, observando, interpretando, e nenhum eletrodo jamais a tocou. A mente, ao contrário da ponta do nosso nariz, não existe em nenhum lugar específico.

Voltando à questão da memória. Em algum lugar, a milhares de quilômetros de onde você está sentado, uma folha está caindo de uma árvore. Você não vai se lembrar desse evento porque não o vivenciou e porque ele não é importante para você. No entanto, nossos cérebros registram muito mais eventos do que percebemos.

Enquanto você lê este livro, está passando por milhares de experiências das quais não tem consciência. Como está concentrado, você não as percebe. Há sons e odores, visões periféricas, talvez o leve desconforto de um sapato muito apertado, a sensação da sua cadeira, a temperatura do quarto... as possibilidades são infinitas. Temos consciência dessas sensações, mas não temos consciência de ter consciência delas, o que parece uma contradição. Para entendê-la, contudo, pense no caso de uma mulher sob anestesia geral.

Durante a gravidez, essa mulher desenvolveu um excelente relacionamento com seu obstetra. Havia muita amizade e confiança entre os dois. Quando chegou a hora do parto, ela recebeu anestesia geral, como de costume, e deu à luz um bebê saudável. Mais tarde, quando seu médico a visitou no quarto do hospital, ela estava estranhamente distante, um pouco hostil em relação a ele. Nem ela, nem o médico conseguiram explicar a mudança de atitude, e ambos queriam encontrar alguma explicação para o que estava acontecendo. Eles decidiram tentar a hipnose para descobrir se havia alguma memória oculta que pudesse explicar a mudança repentina.

Sob hipnose, ela foi conduzida por uma regressão no tempo, começando pelas experiências mais recentes com o médico até as primeiras. Eles não precisaram ir muito longe. Em transe profundo, ela chegou aos momentos em que estava "inconsciente" na sala de parto e se lembrou de tudo o que o médico e as enfermeiras haviam dito. O que eles disseram diante da paciente anestesiada não era clinicamente relevante, ou, por vezes, era engraçadinho, ou até expressando que estavam incomodados com a lentidão do parto. Ela foi tratada como uma coisa, não uma pessoa; seus sentimentos não foram levados em consideração. Afinal de contas, ela estava inconsciente, não?

Eu tenho minhas dúvidas se é possível mesmo ficar inconsciente. Talvez não nos lembremos de tudo o que vivemos, mas estamos sempre tendo experiências, e todas elas deixam memórias fortemente gravadas no nosso cérebro.

Isso significa que, com as técnicas de memorização que serão ensinadas aqui, você poderá se recordar do número desta página daqui a dez anos? Talvez você não tenha prestado atenção, mas o número da página está ali. Você deve ter visto de canto do olho, digamos assim. Você pode até se lembrar dele, mas é pouco provável. Não é, e provavelmente nunca será, algo importante para você.

Mas você consegue se lembrar do nome daquela pessoa atraente que você conheceu em um jantar na semana passada? Você passou pela situação de ouvir o nome daquela pessoa pela primeira vez. Você apenas precisa recriar o evento na sua tela mental, como já expliquei, e ouvirá o nome de novo. Relaxe, entre no seu nível, crie a tela, vivencie a situação outra vez. Isso leva quinze ou vinte minutos. Mas há outra maneira, uma espécie de método de emergência, que o levará instantaneamente a um nível mental em que será mais fácil recuperar informações.

Esse método envolve um gatilho simples que, quando você de fato dominar, vai ficar cada vez mais eficaz. Serão necessárias várias sessões de meditação para internalizar todo o procedimento. Veja como é simples: basta juntar o polegar e os dois primeiros dedos de cada mão e a sua mente atingirá de imediato um nível mais profundo. Se você fizer isso agora, não acontecerá nada, porque ainda não virou um gatilho para você. Para isso, entre no seu nível e diga a si mesmo (em silêncio ou em voz alta): "Sempre que eu juntar meus dedos assim" (agora junte-os), "com um propósito sério, entrarei imediatamente no meu nível mental para realizar o que quiser".

Faça isso todos os dias, por cerca de uma semana, sempre usando as mesmas palavras. Em breve, a sua mente associará o gesto de juntar o polegar e os dois dedos e instantaneamente fará você alcançar um nível meditativo eficaz. Então, um dia, você tentará se lembrar de algo (o nome de alguém, por exemplo) e o nome não virá à mente. Quanto mais você tentar, mais difícil será. A vontade, além de ser inútil, acaba se tornando um obstáculo. Agora relaxe. Aceite que você se lembra do nome e que tem um gatilho para ativar a memória.

Uma professora do quinto ano de Denver usa o método da tela mental e a técnica dos três dedos para ensinar ortografia aos seus alunos. Ela ensina cerca de vinte palavras por semana. Para testar os alunos, em vez de cobrar a grafia de uma palavra de cada vez, ela pede que os alunos escrevam todas as palavras que estudaram naquela semana. Eles se lembram das palavras e da grafia correta unindo os três dedos e vendo-as em suas telas mentais. "Os mais lentos", diz ela, "levam cerca de quinze minutos para fazer o teste".

Usando a mesma técnica, ela ensina aos seus alunos do quinto ano a tabuada até o 12 em três meses, que normalmente levaria um ano letivo inteiro para ser ensinada.

Tim Masters, o estudante universitário e taxista mencionado no capítulo anterior, muitas vezes pega passageiros que precisam ir a cidades vizinhas, locais que ele não vai há muito tempo e que, portanto, acabou perdendo a memória de como chegar. Poucos passageiros teriam paciência de esperar que ele entrasse em estado meditativo antes de seguir viagem. Mas unindo os três dedos, ele "revive" a última vez que dirigiu até lá.

Antes de fazer o curso do Método de Controle Mental, as notas de Tim no Instituto de Tecnologia de Nova York eram em média 8, com um ou outro 9. "Agora sou um estudioso – a maioria das minhas notas é acima de 9", ele conta. Ele usa o Aprendizado Rápido para estudar (sobre o qual você lerá no próximo capítulo) e faz as provas com os três dedos unidos.

Existem outros usos para a técnica dos três dedos, sobre os quais você lerá mais tarde. Nós a usamos de diversas maneiras inusitadas. É um gesto que é associado há séculos à meditação. Quando você vir uma pintura ou escultura retratando alguém do Extremo Oriente (um iogue, talvez, sentado, meditando, de pernas cruzadas), observe que os três dedos de suas mãos estão unidos de forma semelhante.

6

Aprendizado rápido

Depois de aprender as técnicas de memorização do capítulo anterior, você estará no caminho certo para dar o próximo passo: o Aprendizado Rápido. Em resumo, o seu progresso acontecerá da seguinte forma: você aprenderá a entrar no nível meditativo. Em seguida, neste nível, você aprenderá a criar uma tela mental que será útil para vários propósitos, inclusive para recordar informações. Então, você aprenderá a técnica dos três dedos como um atalho, que servirá, entre outras coisas, para ativar recordações instantaneamente. Depois disso, você estará pronto para adquirir informações de novas formas, facilitando o processo de memorização. Outro aspecto importante: além de facilitar a memorização, essas novas maneiras de aprender também farão você compreender o que aprende de maneira mais rápida e profunda.

Existem duas técnicas de aprendizagem. Vamos começar com a mais simples, embora não necessariamente a mais fácil.

Como a técnica dos três dedos pode ser dominada para você conseguir atingir o seu nível instantaneamente e agir de forma consciente nele, ela pode ser usada enquanto você ouve uma palestra ou lê um livro. Isso aumentará muito a sua concentração de modo que a informação ficará marcada de um modo mais profundo. Mais tarde, você poderá recuperar as informações com facilidade no nível Beta e com ainda mais facilidade no nível Alfa. Um aluno que faz uma prova com os três dedos juntos praticamente consegue ver o livro que leu e ouvir o professor passando a lição em sala de aula.

A outra técnica não é tão simples, mas você poderá usá-la logo no início da sua prática de Controle Mental. Ela tem a mesma eficácia de aprendizado no nível Alfa, somada ao reforço do aprendizado obtido no nível Beta. Você vai precisar de um gravador.

Digamos que você precise estudar um capítulo inteiro de um livro complexo. Você não pode apenas memorizar: precisa compreender. Durante o primeiro passo, não entre em Alfa. Permaneça na consciência externa, no seu nível Beta. Leia o capítulo em voz alta no gravador. Agora atinja o seu nível, reproduza a gravação e concentre-se na sua própria voz lendo o material.

Em um estágio inicial do Controle Mental, sobretudo se você não estiver muito familiarizado com o aparelho que está usando, talvez você volte a Beta na hora de apertar o botão de reprodução e descubra que o som da gravação dificulta o processo de retornar a Alfa. Ao voltar, você terá perdido uma parte da aula ou toda ela. Com a prática, é menos provável que isso volte a acontecer. Seguem aqui algumas dicas:

- Entre no seu nível já com o dedo no botão. Assim, você não vai precisar ficar de olhos abertos para procurar o botão.

- Peça para outra pessoa pressionar o botão da gravação quando você der o sinal.

- Use a técnica dos três dedos para acelerar o processo de voltar a Alfa.

O problema pode parecer mais sério do que é. Na verdade, pode até ser uma indicação do seu progresso. Quanto mais hábil você for, mais a sua sensação em Alfa será diferente. Você se sentirá cada vez mais como em Beta, porque aprenderá a usar Alfa de forma consciente. Estar bem desperto, com a mente em funcionamento pleno durante o nível Alfa é uma característica especial do Controle Mental.

À medida que progride e volta a ter a sensação que tinha ao entrar em Alfa, você está entrando em um nível mais profundo, talvez Teta.

Nas aulas de Controle Mental, vejo muitos alunos atuando em um nível profundo com os olhos abertos, totalmente despertos, como você está agora, falando com clareza, fazendo e respondendo perguntas, contando piadas.

Voltando à questão da gravação: para reforçar o aprendizado ainda mais, deixe passar algum tempo, vários dias se possível, então volte e leia o material novamente, em Beta, e reproduza-o em Alfa. A informação estará dominada.

Se você estiver estudando o livro junto com outras pessoas que também estão aprendendo o método do Controle Mental, vocês poderão compartilhar as gravações, em uma espécie de divisão de trabalho, para poupar tempo. Esse sistema funciona muito bem, embora seja ligeiramente mais vantajoso ouvir a própria voz.

A Aprendizagem Rápida e a Técnica dos Três Dedos já demonstraram ser métodos valiosos que ajudam a poupar o tempo dos alunos do curso de Controle Mental em várias áreas: vendas (sobretudo de seguros), estudos, ensino, direito e atuação, para citar algumas.

Um grande agente canadense de seguros de vida já não esgota mais a paciência de seus clientes ao vasculhar os papéis em sua pasta para encontrar respostas para perguntas complexas sobre questões tributárias e imobiliárias. A enorme variedade de informações de que ele precisa está na ponta da língua, graças ao Aprendizado Rápido e à Técnica dos Três Dedos.

Um advogado de Detroit conseguiu se "libertar" da necessidade de fazer anotações ao apresentar um caso complexo ao júri. Ele grava o resumo e o ouve em Alfa na noite anterior, depois novamente na manhã seguinte. Mais tarde, diante dos jurados, ele mantém um contato visual tranquilo com eles. O resultado é que ele fala de uma forma mais persuasiva do que se estivesse lendo anotações, e ninguém percebe o que ele faz com os três dedos da mão esquerda.

Um comediante de um clube noturno de Nova York apresenta um número diferente a cada dia, comentando as notícias do dia com humor. Uma hora antes do show, ele ouve uma gravação com a própria voz. Pronto: ele está preparado para vinte minutos de humor "espontâneo". "Eu costumava simplesmente cruzar os dedos e torcer para dar certo. Agora eu junto os três dedos e já sei o que vai acontecer: muitas risadas."

É claro que o Aprendizado Rápido e a Técnica dos Três Dedos são ideais para estudantes – não é à toa que o Controle Mental já foi ensinado em 24 faculdades e universidades, dezesseis escolas de ensino médio e oito escolas primárias. Graças a essas técnicas, milhares de alunos agora estudam menos e aprendem mais.

7

Sono criativo

Somos tão livres quando sonhamos! As barreiras do tempo, as limitações do espaço, as leis da lógica e as restrições da consciência são deixadas de lado e, assim, tornamo-nos deuses das nossas próprias criações fugazes. Como tudo o que criamos nos sonhos é exclusivamente nosso, Freud atribuiu uma importância fulcral aos nossos sonhos. Ele dizia que, quando se entende os sonhos de um homem, entende-se o homem.

No Controle Mental, também levamos os sonhos a sério, mas de uma maneira diferente, porque aprendemos a usar a mente de outra forma. Freud tratou dos sonhos que criamos espontaneamente. É diferente do que acontece no Controle Mental. Queremos criar sonhos de forma intencional, para resolver problemas específicos. Como já programamos o assunto dos sonhos de antemão, nós os interpretamos de maneira diferente e com resultados espetaculares. Embora isso reduza a espontaneidade de nossas experiências oníricas, ganhamos mais liberdade para controlar as nossas vidas.

Quando interpretamos um sonho que pré-programamos, além de começar a entender a patologia da nossa psique, encontramos soluções para problemas cotidianos.

O Controle dos Sonhos que ensinamos é composto de três passos, e todos eles exigem um nível mental meditativo.

O primeiro passo é aprender a se lembrar dos sonhos. Muitos dizem: "Eu não sonho com nada", mas isso não é verdade. Talvez não nos lembremos dos nossos sonhos, mas todos nós sonhamos. Se deixássemos de sonhar, em poucos dias começariam a surgir problemas mentais e emocionais.

Em 1949, quando comecei a pesquisar se os sonhos poderiam ser úteis para resolver problemas, eu não tinha certeza do que encontraria. Assim como você, eu já tinha ouvido muitas histórias sobre sonhos premonitórios. César, como se sabe, foi avisado em um sonho sobre os "Idos de Março", o dia em que foi assassinado. E Lincoln também teve sonhos premonitórios sobre o seu assassinato. Se esses sonhos e tantos outros parecidos fossem simples acasos irreproduzíveis, então eu estaria perdendo o meu tempo.

A certa altura, fiquei plenamente convencido de que estava, de fato, perdendo meu tempo. Eu estudava psicologia – Freud, Adler, Jung –, há cerca de quatro anos, e comecei a sentir que, quanto mais eu estudava, menos eu sabia. Eram cerca de duas da manhã. Joguei meu livro no chão e fui para a cama, determinado a não perder mais tempo com projetos inúteis, como estudar grandes nomes que discordavam entre si. Daquele momento em diante, eu me dedicaria apenas ao meu negócio de eletrônicos. Eu o estava deixando de lado e o dinheiro estava curto.

Cerca de duas horas depois, fui acordado por um sonho. O sonho não mostrava uma série de ações, como acontece na maioria das vezes, mas simplesmente uma luz. Meu campo de visão do sonho estava preenchido pela luz do sol do meio-dia, dourada e muito brilhante. Abri os olhos e estava escuro no meu quarto sombrio. Fechei os olhos e vi a luz brilhante de novo. Repeti isso várias vezes. Olhos abertos: escuro; olhos fechados: luz. Lá pela terceira ou quarta vez que fechei meus olhos, vi três números: 3–4–3. Em seguida, outra série de números: 3–7–3. E, quando voltei a fechar os olhos, o primeiro conjunto de números apareceu de novo. E, logo depois, o segundo.

Eu estava menos interessado nos seis números do que na luz, que começou a se apagar aos poucos. Eu fiquei me perguntando se a vida acabava assim, como uma lâmpada, em um súbito clarão de luz. Quando percebi que eu não estava morrendo, quis trazer a luz de volta para entendê-la.

Mudei a minha respiração, a minha posição na cama, meu nível mental, mas nada disso funcionou. A luz continuou a apagar. Ela brilhou por cerca de cinco minutos.

Talvez os números tivessem um significado. Fiquei acordado o resto da noite, tentando me lembrar de números de telefone, endereços, números de placas, qualquer coisa que pudesse atribuir algum significado àqueles números.

Hoje, tenho um jeito eficaz de descobrir o significado dos sonhos, mas naquela época eu ainda estava apenas começando a minha pesquisa. No dia seguinte, cansado, pois havia dormido por apenas duas horas, continuei tentando conectar os números a algo que eu já sabia.

Agora, devo relatar algumas situações banais que me levaram a desvendar o mistério e, a partir daí, entrar em uma parte importante do curso de Controle Mental.

Quinze minutos antes do horário de fechamento da minha loja de eletrônicos, um amigo apareceu, sugerindo que saíssemos para tomar um café. Enquanto ele me esperava, minha esposa veio e me disse: "Já que você vai tomar café, poderia atravessar a fronteira e pegar um pouco de álcool 70 para mim?". Perto da ponte há uma loja em que o álcool é mais barato.

No caminho, contei ao meu amigo sobre o sonho e, enquanto eu contava, tive uma ideia: talvez o que eu vi fosse um número premiado da loteria. Passamos por uma casa lotérica mexicana, mas já estava na hora de encerrar o expediente e as cortinas já estavam fechadas. Enfim, era uma ideia boba mesmo, então fomos de carro até o próximo quarteirão para comprar álcool para a minha esposa.

Enquanto o vendedor embrulhava o álcool para mim, meu amigo me ligou de outra parte da loja. "Qual era aquele número que você estava procurando?"

"3-7-3, 3-4-3", eu disse.

"Venha ver!"

Ele havia encontrado um bilhete com os números 3–4–3.

Em todo o México, cada uma das centenas de milhares de comércios, como aquela lojinha, recebe bilhetes de loteria com os mesmos três primeiros números todos os meses. Aquela loja foi a única em todo o país que vendeu o número 343. O número 373 foi vendido na Cidade do México.

Algumas semanas depois, soube que o meu primeiro bilhete de loteria da vida havia ganhado um prêmio de dez mil dólares, que viriam muito bem a calhar. Por mais eufórico que estivesse, olhei os dentes daquele cavalo dado, e o que encontrei foi muito mais valioso do que o presente em si. Foi o que me deu a firme convicção de que os meus estudos eram úteis. De alguma forma, eu havia feito contato com a Inteligência Superior. Talvez eu já tivesse feito contato com ela muitas vezes antes sem saber. Mas, desta vez, eu *sabia*.

Pense na quantidade de situações aparentemente fortuitas que me levaram até ali. Em um momento de desespero, tive um sonho tão surpreendente com um número, combinado a uma luz, que eu não tinha como não me lembrar dele. Em seguida, um amigo apareceu para me convidar para um café e, cansado como eu estava, aceitei. Minha esposa veio e me pediu para comprar álcool, o que me levou ao único lugar no México onde aquele bilhete estava à venda.

É improvável que quem pense que tudo isso é apenas uma coincidência conseguisse explicar um fato incrível e completamente verificável: nos Estados Unidos, quatro graduados em Controle Mental, usando diferentes técnicas que eu viria a desenvolver depois, também ganharam na loteria. São eles: Regina M. Fornecker, de Rockford, Illinois, que ganhou trezentos mil dólares; David Sikich, de Chicago, que ganhou trezentos mil dólares; Frances Morroni, de Chicago, que ganhou cinquenta mil dólares; e John Fleming, de Buffalo, Nova York, que ganhou cinquenta mil dólares.

Não temos objeção à palavra "coincidência" no Controle Mental. Na verdade, atribuímos a ela um significado especial. Quando uma série de eventos de difícil explicação leva a um resultado construtivo, chamamos isso de coincidência. Quando levam a um resultado destrutivo, chamamos de acidente. No Controle Mental, aprendemos como desencadear coincidências. "Apenas uma coincidência" é uma frase que não usamos.

O sonho que me fez ganhar na loteria me convenceu da existência da Inteligência Superior e de sua capacidade de se comunicar comigo. Com a visão que tenho hoje, não é nada impressionante que isso tenha acontecido enquanto eu dormia e estava muito preocupado com o trabalho da minha vida. Milhares de pessoas, quando em desespero, em perigo ou em momentos decisivos, já receberam informações em seus sonhos de alguma forma paranormal. Muitos desses sonhos estão registrados na Bíblia. No entanto, naquela época, o fato de ter acontecido comigo parecia não ser nada menos do que um milagre.

Lembrei-me das minhas leituras de Freud, que dizia que o sono cria condições favoráveis à telepatia. Para explicar o meu sonho, tive de ir além e digo que o sono cria condições favoráveis para receber informações da Inteligência Superior. Fui ainda mais longe e me questionei se precisávamos esperar passivamente, como alguém esperando por um telefonema. Não poderíamos nós mesmos fazer a chamada para nos comunicarmos com a Inteligência Superior por iniciativa própria? Como uma pessoa religiosa, raciocinei que, se podemos falar com Deus por meio da oração, com certeza podemos desenvolver um método para alcançar a Inteligência Superior. (Como você verá mais adiante, no Capítulo 15 eu explico que Deus e a Inteligência Superior são coisas diferentes.)

Sim, meus experimentos mostraram que podemos falar com a Inteligência Superior de várias maneiras. Uma delas é o Controle de Sonhos, que é muito simples e fácil de aprender.

Talvez não apareçam luzes brilhantes para ajudá-lo a se lembrar dos sonhos, mas você pode se programar para se lembrar deles quando estiver no seu nível. Ao meditar antes de dormir, diga: "Quero me lembrar de um sonho. Eu vou me lembrar de um sonho". Agora vá dormir e deixe um pedaço de papel e um lápis ao lado da cama. Ao acordar, seja durante a noite ou de manhã, anote o que você se lembrou do sonho. Continue praticando todas as noites, e as suas lembranças ficarão cada vez mais claras e mais completas. Quando já estiver satisfeito com o nível de habilidade adquirida, você estará pronto para a segunda etapa.

Durante a meditação, antes de dormir, pense em um problema que possa ser resolvido com informações ou conselhos. Escolha um problema que você realmente quer resolver. Lembre-se: perguntas bobas evocam respostas bobas. Agora, programe-se com estas palavras: "Quero ter um sonho que me traga as informações de que preciso para resolver o problema que tenho em mente. Vou ter um sonho do qual vou me lembrar e que entenderei".

Quando você acordar durante a noite ou de manhã, reveja o sonho do qual você mais se lembra e procure um significado.

Como já mencionei, nosso método de interpretação dos sonhos é diferente do método freudiano, porque nós os criamos intencionalmente.

Portanto, se você conhece o conceito de interpretação freudiana dos sonhos, esqueça-o quando falarmos de Controle Mental.

Imagine como Freud interpretaria este sonho: um homem está em uma selva cercado por selvagens. Eles se aproximam ameaçadoramente do homem, levantando e abaixando suas lanças. Cada lança tem um buraco na ponta. Ao acordar, ele vê naquele sonho a resposta para um problema que o estava incomodando: como conceber uma máquina de costura. Ele conseguia fazer a agulha subir e descer, mas não conseguia fazê-la costurar. Até que o sonho disse para ele fazer um buraco na ponta da agulha. O homem era Elias Howe, que inventou a primeira máquina de costura patenteada.

Um ex-aluno do curso de Controle Mental diz que o controle dos sonhos salvou sua vida. Na véspera de uma viagem de moto de sete dias, ele programou um sonho para avisá-lo de qualquer perigo que pudesse enfrentar. A maioria das suas viagens longas anteriores fora marcada por pequenos contratempos: um pneu furado, sujeiras na mangueira de combustível e, em sua última viagem, uma neve imprevista.

Ele sonhou que estava na casa de um amigo. Para o jantar, serviram-lhe um prato cheio de vagens cruas, enquanto todos os outros saboreavam uma deliciosa quiche Lorraine. Isso significava que ele deveria evitar comer vagens cruas na viagem? Não havia risco nenhum de isso acontecer, já que ele não gostava de vagens, muito menos cruas. Isso significava que ele não era mais bem-vindo na casa do amigo? Não, ele estava seguro de que eles ainda eram bons amigos. Além disso, aquilo não tinha nada a ver com a viagem de moto.

Dois dias depois, ele estava pilotando em alta velocidade por uma rodovia de Nova York ao amanhecer. Era uma bela manhã, a estrada estava em perfeitas condições e não havia tráfego, exceto por um pequeno caminhão à frente.

Ao se aproximar, viu que o caminhão estava carregado de vagens. Lembrando-se do sonho, ele diminuiu a velocidade de 100 km/h para

40 km/h. Então, quando fez uma curva a 25 km/h, sua roda traseira derrapou suavemente na curva, por causa de algumas vagens que caíram do caminhão! Em uma velocidade mais alta, a derrapagem teria sido grave, talvez até fatal.

Só você pode interpretar os sonhos que decide ter. Com uma autoprogramação adequada para entender os seus sonhos, você terá uma "intuição" sobre o significado deles. A intuição muitas vezes é a maneira como o nosso subconsciente sem voz se comunica conosco. Com a prática, você desenvolverá cada vez mais confiança nessas intuições programadas.

As palavras que sugeri para você usar na sua autoprogramação são as mesmas que usamos nas aulas de Controle Mental. Outras palavras também funcionam, mas, caso você venha a fazer um curso de Controle Mental, já estará condicionado e terá uma experiência mais rica se tiver enraizado as palavras exatas de antemão enquanto estiver em Alfa.

Se você for paciente e praticar bastante o Controle dos Sonhos, descobrirá que ele pode ser um dos recursos mentais mais valiosos. Não é razoável esperar ganhar na loteria, pois é da própria natureza do jogo ter poucos ganhadores. Mas é da natureza da vida que todos possam ganhar muito mais do que as loterias oferecem.

8

As suas palavras têm poder

Na Introdução, sugerimos que você não praticasse nenhum dos exercícios na primeira leitura. O próximo exercício é uma exceção: experimente fazê-lo agora mesmo. Coloque toda a sua imaginação para funcionar. Vamos pensar no que pode acontecer.

Imagine que você está na cozinha segurando um limão que acabou de tirar da geladeira. Você sente o frio na sua mão. Olhe para a casca verde do limão. É de um verde ceroso, com pontos mais escuros nas extremidades. Aperte a fruta e sinta a sua firmeza e o seu peso.

Agora, leve o limão até o nariz e cheire-o. É um cheiro diferente de todos os outros, não é? Agora, corte-o ao meio e cheire. O aroma fica mais forte. Agora, dê uma grande mordida no limão e deixe o suco percorrer toda a sua boca. É um gosto diferente de todos os outros, não é?

A essa altura, se você tiver colocado a sua imaginação para funcionar, ficará com água na boca.

Vamos pensar no que pode acontecer.

Palavras, "meras" palavras, afetaram as suas glândulas salivares. As palavras não estavam refletindo a realidade, mas sim algo que você imaginou. Quando você leu as palavras sobre o limão, disse ao seu cérebro que estava com um limão nas mãos, embora não fosse verdade. Seu cérebro levou a sério e disse às suas glândulas salivares: "Este sujeito está mordendo um limão. Rápido, tire o gosto da boca dele". As glândulas obedeceram.

A maioria de nós acha que as palavras que usamos refletem significados e que o que elas significam pode ser algo bom ou ruim, verdadeiro ou falso, poderoso ou fraco. É verdade, mas não completamente. As palavras não apenas refletem a realidade: elas criam a realidade, como a saliva na sua boca.

O cérebro não interpreta as sutilezas das nossas intenções: ele recebe informações e as armazena e é responsável pelas reações do corpo. Diga algo como "Estou comendo um limão", e o cérebro entrará em ação.

Agora, é hora de fazer aquilo que no Controle Mental chamamos de "limpeza mental". Não há um exercício para isso, apenas a instrução de ter cuidado com as palavras que usamos para acionar o cérebro.

O exercício que fizemos foi fisicamente neutro, não causou nenhum mal ou nenhum bem. Mas as palavras que usamos podem ser ditas tanto para o bem quanto para o mal.

Muitas crianças fazem uma brincadeira durante as refeições. Eles descrevem a comida que estão comendo nos termos mais nojentos possíveis: manteiga vira purê de insetos (esse é dos menos criativos de que me lembro). O objetivo do jogo é fingir não estar enojado com aquela visão da comida e fazer alguém perder a capacidade de fingir. Muitas vezes funciona, e alguém acaba perdendo o apetite.

Na vida adulta, também jogamos esse jogo. Acabamos com o nosso apetite pela vida usando palavras negativas, e as palavras, ganhando cada vez mais poder quando são repetidas, criam vidas negativas, que acabam com qualquer apetite.

"Como você está?"

"Ah, não posso reclamar" ou "Não adianta reclamar" ou "Daquele jeito".

Como o cérebro responde a essas respostas sombrias?

É "um saco" lavar a louça? É "uma grande dor de cabeça" controlar o cartão de crédito? Você está "cansado" do tempo ruim que faz lá fora? Tenho certeza de que vários médicos ganham muito dinheiro por causa das palavras que usamos. Lembre-se, o cérebro não é um intérprete sensível. Ele diz: "Este cara está pedindo uma dor de cabeça. Certo. Uma dor de cabeça saindo!".

Claro, toda vez que dizemos que algo nos causa dor, a dor não acontece imediatamente. O estado natural do corpo é a boa saúde e todos os seus processos se encaminham para isso. Porém, com o tempo, com tantos ataques verbais prejudicando as suas defesas, o corpo nos entrega as doenças que pedimos.

Há duas coisas que dão poder às palavras que usamos: o nosso nível mental e o nosso grau de envolvimento emocional com o que dizemos.

"Meu Deus, como isso dói!" – esta frase, dita com convicção, é um prato cheio para a dor. "Não consigo fazer nada aqui!", quando dito com um sentimento profundo, torna-se uma verdade que parece validar o sentimento.

O Controle Mental oferece defesas eficazes contra os nossos próprios maus hábitos. Em Alfa e Teta, o poder das palavras aumenta incrivelmente. Nos capítulos anteriores, você viu como, com palavras muito simples, é possível pré-programar sonhos e usar três dedos, em vez de palavras, para entrar no nível Alfa.

Nunca ri de Émile Coué, embora, nestes tempos pretensiosos, muita gente o faça. Ele é famoso por uma frase que hoje em dia provoca riso, como se fosse a conclusão de uma piada: "Em todos os sentidos, eu fico melhor a cada dia". Essas palavras já curaram milhares de pessoas de doenças gravíssimas! Não é brincadeira: eu respeito e tenho grande admiração e gratidão pelo Dr. Coué, pois aprendi lições inestimáveis com o seu livro *Self-Mastery Through Autosuggestion* (Nova York: Samuel Weiser, 1974).

O Dr. Coué foi um químico que atuou por quase trinta anos em Troyes, França, onde nasceu. Após estudar e testar a hipnose, ele desenvolveu uma modalidade de psicoterapia baseada na autossugestão. Em 1910, ele abriu uma clínica gratuita em Nancy, onde tratou com sucesso milhares de pacientes, alguns com reumatismo, fortes dores de cabeça, asma, paralisia de um membro, outros com gagueira, tuberculose, tumores fibrosos e úlceras – uma variedade imensa de doenças. Ele nunca curou ninguém, dizia, mas ensinou as pessoas a se curarem. Não há dúvida de que as curas aconteceram, pois elas estão bem documentadas, mas o método Coué praticamente desapareceu depois de sua morte, em 1926. Se fosse um método tão complexo que apenas alguns especialistas pudessem aprender a praticá-lo, talvez estivesse em uso até hoje. Mas é um método simples. Todos podem aprendê-lo. No seu cerne, está o Controle Mental.

Existem dois princípios básicos:

1. Só conseguimos pensar em uma coisa de cada vez, e
2. Quando nos concentramos em um pensamento, ele se torna verdadeiro, porque os nossos corpos o transformam em uma ação.

Portanto, se você deseja desencadear processos de cura no seu corpo, que podem estar bloqueados por pensamentos negativos (conscientes ou não), basta repetir vinte vezes seguidas: "Em todos os sentidos, eu fico melhor a cada dia". Faça isso duas vezes ao dia e você estará usando o método Coué.

Como a minha própria pesquisa mostrou que o poder das palavras é muito amplificado nos níveis meditativos, fiz algumas adaptações desse método. Nos níveis Alfa e Teta, dizemos: "Em todos os sentidos, eu fico *ainda* melhor a cada dia". Dizemos isso apenas uma vez durante a meditação. Também dizemos (novamente por influência do Dr. Coué) que "Pensamentos e sugestões negativas não têm influência sobre mim em nenhum nível da minha mente".

Essas duas frases produziram uma quantidade impressionante de resultados concretos. Particularmente interessante é uma experiência vivenciada por um soldado que foi enviado sem sobreaviso para a Indochina antes que pudesse ir sequer para o segundo dia do curso de Controle Mental. Ele aprendeu apenas como meditar e se lembrou dessas duas frases.

Ele foi designado para a unidade de um sargento alcoólatra de temperamento explosivo, que escolheu o recém-chegado como vítima preferencial de seus abusos. Em poucas semanas, ele começou a acordar durante a noite com acessos de tosse, depois com ataques de asma, coisa que nunca tivera antes. Um exame médico completo mostrou que a saúde dele estava perfeita. Mas ele ficava cada vez mais cansado. Começou a se sair muito mal no trabalho, despertando ainda mais a atenção indesejada do sargento.

Outros soldados de sua unidade recorreram às drogas. Ele recorreu ao Controle Mental e àquelas duas frases. Felizmente, ele conseguia meditar três vezes ao dia. "Em três dias, eu consegui criar imunidade total contra o sargento. Fazia o que ele me dizia para fazer, mas nada do que ele dissesse conseguia me atingir. Em uma semana, parei de tossir e a minha asma desapareceu."

Se isso tivesse sido contado por um graduado do Controle Mental, eu teria ficado satisfeito, como sempre fico com histórias de sucesso, mas não muito impressionado. Temos várias técnicas mais poderosas de autocura, que ensinarei nos capítulos posteriores. O que torna a experiência desse homem particularmente interessante é que ele não conhecia nenhuma dessas técnicas, mas usou apenas as duas frases que aprendeu naquele primeiro dia do curso.

As palavras são incrivelmente poderosas, mesmo em níveis mentais muito mais profundos do que usamos no Controle Mental. Jean Mabrey, uma enfermeira-anestesista (e professora de Controle Mental) de Oklahoma, aplica esse conhecimento para ajudar seus pacientes. Assim que eles estão sob anestesia profunda, ela sussurra em seus ouvidos instruções que podem acelerar a recuperação e, em alguns casos, salvar vidas.

Durante uma operação, quando era de se esperar um abundante sangramento, o cirurgião ficou surpreso: havia apenas um fiozinho de sangue escorrendo. A enfermeira havia sussurrado ao paciente: "Diga ao seu corpo para não sangrar". Ela fez isso antes da primeira incisão e a cada dez minutos durante a operação.

Durante outra operação, ela sussurrou: "Quando você acordar, sentirá que todas as pessoas em sua vida a amam e você se amará". O cirurgião estava muito preocupado com aquela paciente. Ela era uma mulher tensa e reclamona que acreditava que a dor era um mau presságio. Ou seja, uma atitude que poderia retardar a sua recuperação. Mais tarde, quando ela acordou da anestesia, havia uma nova expressão em seu rosto e, três meses depois, seu cirurgião disse a Jean Mabrey que aquela paciente, antes ansiosa, havia se "transformado". Ela ficou mais relaxada e otimista e se recuperou rapidamente da cirurgia.

O trabalho da enfermeira Mabrey ilustra três coisas que ensinamos no Controle Mental: primeiro, as palavras têm um poder especial nos níveis profundos da mente. Segundo, a mente tem um comando muito mais firme sobre o corpo do que se acredita. E, terceiro, como observei no Capítulo 5, estamos sempre conscientes.

Quantos os pais entram de repente no quarto de uma criança adormecida, ajeitam rapidamente as cobertas e vão embora. Mas, se fizessem uma pausa para dizer algumas palavras positivas e amorosas, poderiam ajudar a criança a ficar mais segura e calma durante o dia.

São tantos os alunos do curso de Controle Mental que relatam melhorias de saúde, às vezes antes mesmo de concluir o curso, que uma vez me vi em uma situação desconfortável, quase arranjando problemas com a classe médica da minha cidade natal. Alguns pacientes disseram a seus médicos que tínhamos curado seus problemas de saúde, e os médicos fizeram uma denúncia ao Ministério Público. Fomos investigados e descobriram que não estávamos praticando medicina, como os médicos temiam. Felizmente, não é ilegal fazer bem para a saúde. Caso contrário, hoje não haveria uma instituição organizada de Controle Mental.

9

O poder da imaginação

Para vencer e atingir seu objetivo, a força de vontade precisa de um inimigo. Ela tenta ser durona, e, como a maioria dos durões, amolece quando as coisas ficam difíceis. Existe uma maneira mais tranquila e fácil de se livrar dos maus hábitos: a imaginação. A imaginação se apropria do objetivo para conseguir o que quer.

É por isso que nos capítulos anteriores insisti tanto para você aprender a criar uma visualização realista nos níveis mais profundos da sua mente. Se você estimular a sua imaginação com convicção, desejo e expectativa, e treiná-la para visualizar seus objetivos de modo a vê-los, senti-los, ouvi-los, saboreá-los e tocá-los, você conseguirá o que deseja.

"Quando a vontade e a imaginação estão em conflito, é sempre a imaginação que vence", escreveu Emile Coué.

Se você acha que quer abandonar um mau hábito, é provável que esteja se enganando. Se realmente quisesse, esse hábito já teria desaparecido sozinho. Mais do que desejar o hábito em si, você precisa desejar abandoná-lo. Quando aprender a desejar esse benefício com intensidade, você se livrará do hábito "indesejado".

Se você ficar pensando no seu hábito e decidir abandoná-lo, pode ficar ainda mais apegado a ele. É mais ou menos quando sabemos que precisamos dormir: a própria firmeza da determinação é o que pode lhe manter acordado.

Agora, vamos ver como isso tudo pode funcionar para você. Como exemplo, usarei dois hábitos que os graduados do curso de Controle Mental conseguem abandonar com sucesso: comer demais e fumar.

Se você quer perder peso, seu primeiro passo é raciocinar sobre o problema no nível externo. Seu problema é comer demais, fazer pouco exercício ou ambos? Talvez você não coma demais, mas coma os alimentos errados. Uma dieta com alimentos mais adequados às suas necessidades pode ser a solução. Um médico saberá dizer.

Por que você quer perder peso? Por que a sua saúde está prejudicada, ou simplesmente por que você acha que, se fosse mais magro, seria mais atraente? Ambos são bons motivos para perder peso, mas você deve saber de antemão quais serão os benefícios da perda de peso.

Se você já come em quantidades razoáveis, se faz o máximo de exercícios possível e está apenas um pouco acima do peso, meu conselho seria, a menos que o seu médico diga o contrário, acostume-se com isso. É o que eu faço. A outra opção seria um incômodo desnecessário. Além disso, provavelmente existem problemas maiores e oportunidades mais importantes em sua vida em que você pode usar o Controle Mental.

Se você tem certeza de que quer mesmo perder peso e sabe os motivos, seu próximo passo é analisar todos os benefícios que obterá; não benefícios genéricos, como "vou ficar mais bonito", mas benefícios concretos envolvendo, se possível, todos os cinco sentidos. Exemplo:

> **Visão:** encontre uma fotografia sua de quando tinha o peso que gostaria de ter agora;
>
> **Toque:** imagine como os seus braços, coxas e barriga ficarão macios ao toque quando você tiver emagrecido;
>
> **Paladar:** imagine os sabores dos alimentos que você consumirá na sua nova dieta;
>
> **Olfato:** imagine o odor dos alimentos que você vai comer;
>
> **Audição:** imagine o que as pessoas com quem você se importa dirão sobre você ter perdido peso!

Mas só os cinco sentidos não são suficientes para uma visualização completa. As emoções também são importantes.

Imagine como você se sentirá feliz e confiante quando estiver magro como deseja.

Com tudo isso em mente, entre no seu nível. Crie sua tela mental e projete nela uma visualização de como você é agora. Agora, deixe essa visualização desaparecer e, a partir da esquerda (o futuro), traga uma imagem (talvez a fotografia antiga) de como você deseja ser e como você será quando a dieta for bem-sucedida.

Enquanto olha mentalmente para o seu novo eu, imagine com o máximo de detalhes possível como será a sensação de ser magro. Qual será a sensação quando você se abaixar para amarrar os cadarços? Subir escadas? Caber em roupas que agora estão muito pequenas? Caminhar na praia em roupa de banho? Devagar, sinta tudo isso. Percorra os cinco sentidos, um de cada vez, conforme descrito acima. Como será a sua atitude em relação a si mesmo ao atingir esse objetivo?

Em seguida, revise mentalmente a sua nova dieta, não apenas o que você vai comer, mas quanto, e selecione alguns lanches entre as refeições – pode ser cenoura crua ou qualquer outra coisa. Diga a si mesmo que aqueles são os alimentos de que o seu corpo precisa e que ele não lhe enviará fome como forma de pedir mais comida.

Este é o fim de sua meditação. Repita duas vezes ao dia.

Observe que nenhuma vez durante a meditação houve qualquer imagem ou pensamento dos alimentos que você não deve comer. Você come muito esses alimentos porque gosta deles. Se pensar neles, sua imaginação tomará rumos indesejados.

A atriz de Hollywood Alexis Smith foi citada pelo *Mercury News* (13 de outubro de 1974), de San José, por ter dito: "O pensamento positivo funciona muito bem em uma dieta restritiva. Nunca pense naquilo de que você está abrindo mão, mas concentre-se no que você está ganhando".

Dizem que ela ficou até mais atraente do que quando fazia alguns dos filmes da Warner Brothers que hoje são exibidos na TV. Ela atribui grande parte desses resultados ao Controle Mental. "A grande diferença", ela disse, "é que agora estou mais equilibrada e com mais controle de mim mesma".

Em seu projeto de perda de peso, escolha uma meta razoável. Caso contrário, nem você mesmo vai acreditar no seu projeto. Se você está 50 quilos acima do peso, não é razoável achar que na semana que vem estará tão magro quanto Mark Spitz ou Audrey Hepburn. Visualizar essa imagem não vai adiantar de nada.

Velhas mensagens podem surgir já nos primeiros dias para lembrá-lo do sabor delicioso de uma barra de chocolate. Durante a correria do dia a dia, quando você não conseguir meditar, respire fundo, junte os três dedos e lembre-se, com as mesmas palavras usadas durante a meditação, de que a sua dieta tem tudo de que seu corpo precisa e que você não sentirá fome. Olhar novamente para uma fotografia antiga de como você gostaria de ser será útil.

À medida que você progride com o Controle Mental nesta e em outras áreas, seu estado mental geral melhorará, contribuindo de maneira significativa para um melhor funcionamento do seu corpo. Com um empurrãozinho mental, ele buscará com mais prazer o seu peso adequado.

Existem diversas variações dessa técnica que você pode usar. Elas podem acontecer durante a meditação. Um homem, operário de uma fábrica em Omaha, disse a si mesmo durante suas meditações: "Vou desejar e comer apenas alimentos bons para o meu corpo". De repente, ele se viu com muita vontade de comer saladas e sucos verdes e cada vez com menos vontade de comer alimentos altamente calóricos. Resultado: ele perdeu dezoito quilos em quatro meses.

Uma mulher de Ames, Iowa, usou a mesma técnica. Alguns dias depois, ela comprou alguns donuts: três para os filhos e três para os amigos. "Esqueci completamente de comprar um para mim. Eu quase chorei. O Controle Mental estava funcionando!"

Um fazendeiro de Mason City, Iowa, comprou um terno de 150 dólares que lhe caía mal, para dizer o mínimo. As calças não fechavam direito e ele não conseguia abotoar o paletó. "O vendedor achou que eu estava louco", disse ele. Mas com a técnica da tela mental, ele perdeu vinte quilos em quatro meses, e "agora o terno parece feito sob medida para mim".

Nem todos os resultados são tão espetaculares e, na verdade, nem deveriam ser. No entanto, Caroline de Sandre, de Denver, e Jim Williams, responsável pelas atividades do grupo de Controle Mental na região do Colorado, lançaram um programa experimental que mostra a confiabilidade das técnicas de Controle Mental para pessoas que realmente desejam perder peso.

Ela organizou um workshop para que 25 graduados do curso de Controle Mental se encontrassem uma vez por semana durante um mês. Entre os quinze que compareceram a todas as reuniões, a média de perda de peso foi de cerca de dois quilos. Todos perderam peso!

Um mês depois, ela checou aqueles quinze participantes e descobriu que sete continuaram pendendo peso e oito estavam mantendo o peso estável. Nenhum deles ganhou peso!

Mais do que não causar sofrimento, a experiência de perda de peso foi agradável para aqueles alunos, relata Caroline. Além de perder peso sem fome ou qualquer outro desconforto, eles também fortaleceram muitas das habilidades adquiridas com o Controle Mental.

A média de perda de peso foi aproximadamente igual à que eles teriam obtido se tivessem participado de algum dos mais famosos programas de redução de peso. A própria Caroline foi ministrante de um desses cursos por um ano e meio e foi assistente da Direção de Nutrição do Centro Médico Sueco em Denver e, portanto, ela entende muito de nutrição e controle de peso.

Ela pretende continuar com essa oficina e desenvolver outra para fumantes.

Fumar é um hábito tão grave que, se você fuma, a hora de parar é agora. Assim como na redução de peso, dividiremos o processo em etapas fáceis, dando ao seu corpo bastante tempo para aprender a obedecer a um tipo totalmente novo de comando da mente.

Não há necessidade de examinar no nível externo os motivos para parar de fumar; as tristes razões são bastante familiares. O que você precisa é de uma lista de benefícios que, mais tarde, ficarão tão vívidos que você desejará parar.

Você terá mais vitalidade, seus sentidos físicos ficarão mais aguçados e você vai saborear a vida mais plenamente. Você conhece muito melhor do que eu, que não fumo, todos os benefícios que vai ter.

Entre no seu nível e veja na sua tela mental a situação em que você costuma fumar o primeiro cigarro do dia. Visualize-se bastante tranquilo, a partir daquele momento e durante uma hora, fazendo tudo o que você faria normalmente, exceto fumar. Se, por exemplo, o horário for das sete e meia às oito e meia da manhã, diga a si mesmo: "Das sete e meia às oito e meia, eu sou e continuarei sendo um ex-fumante. Eu gosto de ser um ex-fumante durante esta hora. É fácil e estou acostumado".

Continue fazendo esse exercício até se sentir totalmente à vontade, no nível externo, com a sua primeira hora sem cigarros. Faça o mesmo com a segunda hora e, em seguida, com a terceira e assim por diante. Faça isso com calma – se você se esforçar demais, pode estressar o seu corpo, o que não é justo, já que foi a sua mente, e não seu corpo, que introduziu o hábito. Deixe a sua mente fazer o trabalho, usando a imaginação.

Aqui estão algumas dicas para chegar logo ao dia em que você ficará livre por completo do cigarro:

- Troque de marca com frequência.
- Durante as horas em que você ainda não é ex-fumante, sempre que pegar um cigarro, pergunte-se: "Eu quero mesmo fumar agora?" Com uma frequência surpreendente, a resposta é não.
- Deixe para fumar apenas quando você realmente quiser.
- Se, durante as suas horas livres, o seu corpo se intrometer com uma aparente "necessidade" de fumar, respire fundo, junte os três dedos e, usando as mesmas palavras que usa na meditação, lembre-se de que você é e continuará sendo um não fumante durante aquela hora.

Para controlar o hábito de fumar, você pode adicionar outras técnicas ao método básico. Um homem de Omaha, que fumou um maço e meio de cigarros por dia durante oito anos, entrou no nível Alfa e visualizou todos os cigarros que já havia fumado: uma pilha enorme. Em seguida, ele os colocou em um incinerador e queimou. Em seguida, imaginou todos os cigarros que fumaria no futuro se não parasse (mais uma pilha enorme) e queimou-os com satisfação no incinerador. Depois de ter tentado parar de fumar várias vezes no passado, desta vez ele largou o cigarro de vez, após apenas uma meditação. Sem fissura, sem descontar na comida, sem efeitos colaterais.

Lamento dizer, mas não posso relatar tantos sucessos com o tabagismo quanto com a perda de peso. No entanto, conheço muitos graduados do curso que pararam de fumar e muitos outros que reduziram a quantidade de cigarros que fumam, e incentivo todos os fumantes a usar o Controle Mental para ajudá-los a controlar o hábito.

10

Usando a mente para melhorar a saúde

Eu gasto cerca de metade do meu tempo viajando pelo meu país e por outros, palestrando para grupos de alunos do curso de Controle Mental. Ao longo de um ano, eu conheço não centenas, mas milhares de pessoas que relatam casos de autocura verdadeiramente maravilhosos. Eu já me acostumei com esses casos, mas os considero maravilhosos por outro motivo. Eu fico maravilhado com o fato de nem todas as pessoas terem percebido o poder que suas mentes têm sobre os seus corpos. Muitas pessoas acham que a cura psíquica é estranha e esotérica. Mas o que poderia ser mais estranho e esotérico do que medicamentos prescritos, cheios de efeitos colaterais que ameaçam a saúde? Em toda a minha experiência com cura psíquica, nunca vivenciei, vi ou ouvi falar de um único efeito colateral prejudicial desse tipo de cura.

Pesquisas médicas estão descobrindo cada vez mais sobre a relação entre o corpo e a mente. Entre tantos projetos de pesquisa diferentes e que aparentam não estar relacionados, há um elemento em comum fascinante sobre as descobertas: a psique desempenha um papel misteriosamente poderoso.

Se o Controle Mental fosse perfeito (não é, pois ainda temos muito a aprender), acredito que todos teríamos corpos perfeitos, o tempo todo. Porém, é um fato inegável que já sabemos o suficiente para usar a mente para fortalecer os mecanismos reparadores do corpo, a fim de que as doenças possam ser combatidas com mais facilidade. Até os métodos simples de Émile Coué se mostraram eficientes. Os métodos do Controle Mental, que incluem o método de Coué, são ainda mais poderosos.

Obviamente, à medida que você desenvolve mais habilidades de autocura, vai precisar cada vez menos de cuidados médicos. No entanto, neste estágio do desenvolvimento do Controle Mental e do seu domínio de tudo que aprendemos, é muito cedo para aposentar o seu médico. O que você *deve* fazer é ir às consultas, como faria normalmente, e seguir as recomendações médicas. O que você *pode* fazer é surpreendê-los com a velocidade da sua recuperação. Um dia, eles talvez se perguntem onde você foi parar.

Muitos graduados do curso contam que usam o Controle Mental em situações de emergência, para reduzir sangramentos e dores. Por exemplo, a Sra. Wildowsky, em uma convenção no Texas com o seu marido. Conforme relata o jornal *Norwich Bulletin*, de Connecticut, ela mergulhou em uma piscina e furou o tímpano.

"Estávamos a quilômetros de qualquer cidade, e eu não queria fazer meu marido sair no meio da convenção", disse ela. "Então, entrei no meu estado Alfa, coloquei a mão sobre a orelha, concentrei-me na área da dor e disse: 'Vá embora, vá embora, vá embora!'. O sangramento parou de imediato e a dor desapareceu. Quando finalmente fui ao médico, ele ficou sem palavras."

Na autocura, há seis passos bastante fáceis de seguir.

O primeiro é começar, ainda em Beta, a se sentir uma pessoa amorosa (e, portanto, complacente) e a considerar o amor como um fim em si mesmo. Isso provavelmente exigirá uma limpeza mental completa (ver Capítulo 8).

Em segundo lugar, entre no seu nível. Esse já é um passo importante na direção da autocura porque, como mencionei antes, nesse nível a negatividade da mente, com todas as culpas e raivas, é neutralizada e o corpo fica livre para fazer o que a natureza o designou para fazer: curar-se. Você pode, é claro, ter sentimentos muito reais de culpa e raiva, mas descobrimos que eles só são sentidos no nível externo, ou em Beta, e tendem a desaparecer à medida que você pratica o Controle Mental.

Em terceiro lugar, fale mentalmente consigo mesmo sobre o primeiro passo. Expresse o seu desejo de realizar uma limpeza mental completa: usando palavras e pensamentos positivos, tornando-se uma pessoa amorosa e misericordiosa.

Em quarto lugar, sinta mentalmente a doença que está lhe incomodando. Use a tela mental para ver e sentir a doença. Faça isso por pouco tempo: o propósito é apenas concentrar suas energias de cura onde elas são necessárias.

Quinto: apague por um momento a imagem da sua doença e sinta-se completamente curado. Sinta a liberdade e a felicidade de estar em perfeita saúde. Agarre-se a esta imagem, passe um bom tempo com ela, aproveite-a e sinta-se merecedor dela. Saiba que agora, nesse estado saudável, você está em total sintonia com as intenções que a natureza tem para você.

Sexto, reforce a sua limpeza mental mais uma vez e conclua dizendo a si mesmo: "Em *todos* os sentidos, eu fico ainda melhor a cada dia".

Por quanto tempo e com que frequência você deve fazer isso?

Minha experiência diz que quinze minutos é a duração ideal. Faça esse exercício sempre que puder, não menos do que uma vez por dia. Nunca é "demais".

Permita-me divagar por um momento. Você já deve ter ouvido falar que a meditação é uma coisa boa, mas que deve ter cuidado para não ficar tão enfeitiçado por ela a ponto de praticar demais. Dizem que meditação demais pode levar você a se afastar do mundo e a se preocupar demais apenas consigo mesmo, de um modo pouco saudável. Se isso é verdade ou não, eu não sei. É o que falam sobre outras formas de meditação, não sobre o Controle Mental. Nós damos ênfase ao envolvimento com o mundo e, portanto, não nos afastamos dele. Não queremos transcender ou ignorar os problemas práticos, mas sim enfrentá-los e resolvê-los. Fazer isso nunca é demais.

Voltando à questão da autocura: o primeiro passo pode ser feito indefinidamente. Pratique-o em Beta, Alfa e Teta. Viva-o. Se você sentir que está perdendo o controle durante o dia, junte os três dedos para se fortalecer no mesmo instante.

Muitos de nossos centros de controle mental publicam boletins informativos para seus alunos e ex-alunos. Os boletins são cheios de casos de ex-alunos contando o que o Controle Mental fez por eles. Histórias de como eles curaram dores de cabeça, asma, fadiga e pressão alta são tantas que não caberiam aqui.

Escolhi um deles cujo autor é um médico.

"Desde os onze anos, sofri de enxaquecas. A princípio, elas só aconteciam de vez em quando e podiam ser controladas, mas depois, à medida que envelheci, foram piorando e, por fim, comecei a ter cefaleia em crises que duravam três ou quatro dias, com apenas dois dias de intervalo entre uma e outra. Uma enxaqueca assim é devastadora. Geralmente acomete um lado do rosto e a cabeça. Parece que os olhos estão sendo empurrados para fora das órbitas. A dor é como uma prensa, e o estômago fica embrulhado. A crise às vezes é aliviada por uma medicação vasoconstritora específica, que deve ser tomada no início, enquanto a dor ainda é tolerável. Se a dor de cabeça já se instalou há algum tempo, só resta esperar para aliviá-la. Eu estava chegando ao ponto de precisar tomar a medicação a cada quatro horas e, mesmo assim, o alívio era apenas parcial.

Então, fui a um especialista em dor de cabeça, que me pediu um exame completo para ter certeza de que eu não tinha nenhuma anormalidade física ou neurológica. Ele me deu recomendações e tratamentos que eu já vinha utilizando, mas as dores de cabeça continuaram.

Uma das minhas pacientes era ex-aluna do curso de Controle Mental e há cerca de um ano vinha sugerindo que eu fosse com ela para as aulas. Eu sempre lhe dizia que não acreditava nessas bobagens. Mas então, no meio de uma crise de dores de cabeça que já durava quatro dias, eu me encontrei com ela. Eu devia estar com uma cara péssima, pois ela me disse: "Você não acha que é hora de experimentar o Controle Mental? Tem uma turma nova iniciando na semana que vem. Por que você não vem comigo?".

Eu me inscrevi no curso e fui às aulas todas as noites e, é claro, não tive dor de cabeça naquela semana. Mas uma semana depois de terminar o curso, acordei com uma dor de cabeça terrível. Era a chance de ver se a minha programação funcionaria. Fiz um ciclo e a contagem para sair. Sem dor de cabeça: eu me sentia ótimo. Era um milagre! Cinco segundos depois, a dor voltou ainda pior. Não desisti, fiz outro ciclo e a dor de cabeça passou momentaneamente, mas depois voltou outra vez. Precisei fazer uns dez ciclos, mas não desisti e não tomei a medicação contra enxaqueca. Eu disse a mim mesmo que conseguiria. Por fim, a dor desapareceu.

Fiquei um tempo sem sentir dores de cabeça, mas, quando voltei a sentir, três ciclos bastaram para aliviar a dor. Depois daquele episódio, voltei a ter dores de cabeça ocasionalmente por cerca de três meses, mas nunca mais precisei tomar analgésicos. Desde que fiz o curso de Controle Mental, não tomo nem aspirina. Funciona de verdade!"

Abaixo, você verá o depoimento de irmã Barbara Burns, uma freira de Detroit, Michigan. Escolhi este caso porque a irmã Barbara soube usar genialmente o seu próprio mecanismo de gatilho.

Ela usou óculos para miopia e astigmatismo por 27 anos. À medida que a miopia aumentava, suas lentes ficavam mais fortes, reduzindo a visão para longe. Antes de sua visão melhorar, ela teve de começar a usar lentes bifocais. Então, em julho de 1974, ela decidiu testar o Controle Mental. Em meditação profunda, ela disse a si mesma: "Toda vez que eu piscar, meus olhos ajustarão o foco com a precisão das lentes de uma câmera". Ela repetia isso durante todas as suas meditações e, em duas semanas, ela passou a usar óculos apenas para ler. Ela fez uma consulta com o Dr. Richard Wlodyga, um optometrista (e ex-aluno do curso de Controle Mental) que lhe disse que a sua córnea estava ligeiramente deformada. Por algumas semanas, a irmã Barbara meditou sobre a correção da sua córnea, para então realizar outro exame com o Dr. Wlodyga.

A seguir, você encontrará um trecho da carta que o Dr. Wlodyga nos escreveu a pedido da irmã Barbara:

"Examinei a irmã Barbara Burns pela primeira vez em 20 de agosto de 1974. Examinei-a novamente em 26 de agosto de 1975. Nessa ocasião, ela já não usava óculos há um ano. O grau de miopia da paciente reduziu a tal ponto que os óculos não se faziam mais necessários."

É claro, o médico que sofria de enxaquecas e a irmã Barbara Burns não sofriam das "doenças terríveis" que costumamos temer. Será que o

Controle Mental ajudaria caso uma dessas doenças surgisse, ou deveríamos apenas tomar um remédio e esperar o tempo passar? Vamos pensar naquela que provavelmente é a doença mais temida de todas: o câncer.

Talvez você tenha lido sobre o trabalho do oncologista Dr. O. Carl Simonton. Marilyn Ferguson descreveu parte do trabalho dele em seu recente livro *A revolução cerebral* e, em janeiro de 1976, a *Prevention Magazine* publicou um artigo sobre ele, "Mind Over Cancer", de Grace Halsell. O Dr. Simonton adaptou algumas das técnicas que aprendeu de Controle Mental para tratar seus pacientes.

Quando era responsável pelo departamento de radioterapia da Base Aérea de Travis, na região de São Francisco, ele estudou um fenômeno raro, mas bem conhecido: pessoas que, por algum motivo que a medicina desconhecia, curaram-se do câncer. Tais casos são conhecidos como "remissões espontâneas" e representam um percentual muito baixo de pacientes com câncer. O Dr. Simonton pensou que, se pudesse entender por que esses pacientes se curaram, talvez conseguisse encontrar uma maneira de provocar as remissões.

Ele descobriu que esses pacientes tinham algo muito importante em comum. Eram pessoas quase sempre positivas, otimistas e determinadas.

Em um discurso na Convenção de Controle Mental de Boston em 1974, ele disse:

> "O maior fator emocional isolado que os pesquisadores identificaram como causador de câncer é, em geral, uma perda significativa ocorrida de seis a dezoito meses antes do diagnóstico da doença.
>
> Isso foi demonstrado em vários estudos de longa duração por pesquisadores independentes, usando grupos de controle. Verificamos que o fator significativo não é a perda em si, mas a forma como ela é percebida pelo indivíduo.
>
> A perda deve ser suficientemente grande para causar um sentimento persistente de desamparo e desesperança no paciente. Dessa

forma, a resistência parece diminuir, permitindo o desenvolvimento clínico do tumor maligno."

Em outro estudo na Base Aérea de Travis, relatado no *Journal of Transpersonal Psychology* (vol. 7, n. 1, 1975.), o Dr. Simonton analisou as atitudes de 152 pacientes com câncer, classificando-as em cinco categorias que iam de fortemente negativas a fortemente positivas. Em seguida, ele avaliou as reações ao tratamento em uma escala que ia de excelente a ruim. Para vinte pacientes, os resultados do tratamento foram excelentes, embora a condição de catorze deles fosse gravíssima e eles tivessem menos de cinquenta por cento de chance de viver mais cinco anos. O que pesou na balança foram as atitudes positivas. No outro extremo da escala, 22 pacientes apresentaram resultados ruins ao tratamento. Nenhum deles tinha atitudes positivas.

No entanto, quando alguns dos pacientes mais positivos voltaram para casa, as atitudes deles mudaram drasticamente, "e vimos a doença responder de igual maneira". Era claro que as atitudes, não a gravidade da doença, desempenharam o papel mais importante.

O periódico da Menninger Foundation citou o Dr. Elmer Green, afirmando: "Carl e Stephanie Simonton vêm obtendo resultados notáveis no controle do câncer ao combinar a radioterapia tradicional com técnicas de visualização para a autorregulação fisiológica".

Em uma palestra em Boston, o Dr. Simonton citou o presidente da Sociedade Americana de Cancerologia, Eugene Pendergrass, que afirmou em 1959: "Existem algumas evidências de que a evolução da doença em geral é afetada pelo sofrimento emocional. Espero sinceramente que possamos ampliar a nossa busca para que possamos considerar a possibilidade de que dentro da mente pode existir um poder capaz de exercer forças que potencializem ou inibam o progresso da doença".

O Dr. Simonton agora é diretor médico do Centro de Pesquisa e Aconselhamento do Câncer em Fort Worth, onde ele e sua coterapeuta,

Stephanie Mathews-Simonton, ensinam os pacientes a se engajarem mentalmente em seus tratamentos.

> "Eu parti da ideia de que a atitude de um paciente desempenhava um papel importante na resposta a qualquer forma de tratamento e poderia influenciar a evolução da doença. Ao estudar isso, descobri que os conceitos de Controle Mental (biofeedback e meditação) me davam uma ferramenta que eu poderia usar para ensinar o paciente a interagir e se envolver com o próprio processo curativo. Eu diria que é a ferramenta emocional mais poderosa que já ofereci aos meus pacientes."

Um dos primeiros passos do treinamento que o Dr. Simonton oferece aos seus pacientes é eliminar o medo. Quando essa lição é entendida, "percebemos que o câncer é um processo normal que ocorre em todos nós, que todos temos células cancerígenas malignas se desenvolvendo o tempo todo. O corpo as reconhece e as destrói da mesma forma que lida com qualquer proteína estranha. Não se trata simplesmente de se livrar de todas as células cancerígenas, porque nós as desenvolvemos o tempo todo. Trata-se de fazer o corpo voltar a vencer por meio dos seus próprios processos".

Após a palestra do Dr. Simonton, a Sra. Simonton deu seu relato. Ela disse:

> "A maioria das pessoas visualiza uma célula cancerígena como algo muito feio, maligno e traiçoeiro que pode aparecer sorrateiramente e com muito poder. Quando o câncer é iniciado, não há nada que o corpo possa fazer. Na realidade, uma célula cancerígena é só uma célula normal que enlouqueceu. É uma célula muito burra. Ela se reproduz de modo tão rápido, que muitas vezes acaba esgotando o seu próprio suprimento de sangue e morrendo de fome.

Ela é fraca. Você pode extrai-la com cirurgias, tratá-la com radiação ou quimioterapia e, se a célula ficar doente, não conseguirá se recuperar. Ela morre.

Agora, compare isso a uma célula saudável. Sabemos que, quando você corta o tecido saudável de um dedo e simplesmente coloca um curativo, ele se curará sozinho. Sabemos que os tecidos normais podem se reparar (...), eles não devoram o próprio suprimento de sangue. No entanto, observe a imagem mental que temos dessas coisas. Veja o poder que atribuímos à doença por conta dos nossos medos e pelas imagens mentais que usamos para eles."

Sobre as técnicas de relaxamento e visualização que eles usam combinadas à radioterapia, a Sra. Simonton disse:

"Provavelmente, a ferramenta mais valiosa que temos é a técnica de imagens mentais. Há três coisas básicas que pedimos que os pacientes façam. Pedimos que visualizem a doença, o tratamento e o mecanismo imunológico do próprio corpo.

[Em nossas sessões de grupo], falamos sobre visualizar o que queremos que aconteça, antes mesmo de acreditar que aquilo acontecerá. Ver as coisas dessa forma é importante.

Uma das principais coisas de que mais falamos é a meditação. Com que frequência você medita? O que você faz enquanto medita?"

11

Um exercício íntimo para casais

Na palestra que deu ao grupo do curso de Controle Mental, a Sra. Simonton falou sobre as inúmeras tensões da vida que, se não tratadas adequadamente, podem causar doenças.

"É difícil ver pacientes que tenham um bom casamento", disse ela. "Quando um paciente com câncer tem um bom casamento, essa é uma das questões que mais devemos trabalhar, pois é uma das maiores razões para eles permanecerem vivos."

O que constitui um bom casamento? Eu não conheço todas as respostas. Eu sou muito bem casado com Paula há 36 anos, mas não sei dizer exatamente por quê. Talvez, não entender isso por completo seja um dos motivos pelos quais o casamento é bom. Digo isso para que você entenda que eu não tenho experiência pessoal com um casamento infeliz e, portanto, não sou especialista em resgatar pessoas (ou saber se as pessoas devem ser resgatadas) quando o casamento está em apuros.

No entanto, conheço algumas maneiras de melhorar um casamento quando o marido e a esposa desejam que isso aconteça.

Você deve estar imaginando que vou falar de sexo, já que muitos acreditam que seja essa a base de um bom casamento. Eu vejo o sexo mais como o resultado de um bom casamento e falarei sobre isso mais tarde.

A melhor base para um casamento, creio eu, é a intimidade. Não uma intimidade do tipo invasiva, que não respeita a privacidade, mas sim o tipo de intimidade que vem de uma compreensão e uma aceitação profundas.

Vou sugerir agora algo um pouco estranho, mas primeiro devo compartilhar algumas informações básicas. Já falamos sobre a imensa alegria que se sente ao final do curso de Controle Mental. Mas há outra coisa que também acontece. É mais sutil, mas o sentimento é igualmente profundo. Os alunos, prestes a concluir o curso, sentem entre eles uma relação íntima, quase amorosa. Eles chegaram ao curso sem se conhecer, e nunca teriam se conhecido se não fosse pelo curso, logo voltarão às suas vidas, cada um com o seu destino. No entanto, esse sentimento de conexão reacenderá em um instante quando eles se reencontrarem.

Acredita-se que isso se deva ao fato de terem passado por uma experiência intensa e única juntos. Os soldados geralmente se sentem assim depois de compartilharem as intensas experiências da guerra. O mesmo aconteceria com um grupo qualquer de desconhecidos que se vissem presos durante uma tarde inteira em um elevador.

Mas isso não explica tudo. É o que se costuma dizer, porque é mais fácil de entender.

Há algo a mais que acontece, e vou tentar explicar aqui. Durante a meditação profunda e prolongada, são feitas conexões. As mentes ficam receptivas e sensíveis e são tocadas por outras mentes de uma forma que tende a acontecer apenas com pessoas que vivem juntas a vida inteira. As relações instantaneamente íntimas, em sua maioria, são superficiais e falsas e nos deixam um pouco desconfortáveis. Elas duram pouco. Mas com essa experiência é diferente, porque ela acontece em um nível psíquico duradouro.

Como não é um sentimento arrebatador, mas sim algo bastante sutil, não se surpreenda se não tiver ouvido nenhum graduado do

Controle Mental falar sobre isso. Se você puxar o assunto, a pessoa provavelmente dirá: "Ah, sim. Todos nós sentimos. Foi lindo!".

Essa é uma consequência inesperada do curso de Controle Mental. O curso não foi feito especificamente para proporcionar esse resultado.

No entanto (e aqui vai a estranha sugestão que mencionei), é possível usar o que vocês dois, como marido e mulher, já aprenderam sobre Controle Mental para criar intencionalmente uma intimidade muito confortável, que costuma acontecer apenas após muitos anos de convivência. A conexão será ainda mais forte e profunda do que aquela que os nossos alunos sentem nas aulas. Você deve fazer o seguinte:

1. Escolha um lugar onde ambos se sintam felizes e relaxados. Pode ser um lugar onde vocês passaram férias juntos, ou qualquer lugar com memórias agradáveis que vocês compartilham. Pode até ser um lugar que vocês nunca viram, um que vocês criarão juntos. Só não escolha um lugar onde apenas um de vocês esteve. Isso distorcerá a simetria da experiência e reduzirá a sensação de troca.

2. Sentem-se confortavelmente, próximos, um de frente para o outro. Relaxem e fechem os olhos.

3. Um de vocês dirá algo assim: "Vou fazer uma contagem regressiva de dez a um e, a cada número que eu disser, você sentirá que está atingindo um nível mental mais agradável e meditativo. Dez – nove... sinta-se aprofundando cada vez mais... oito – sete – seis... mais e mais profundo... cinco – quatro... mais profundo ainda... três – dois – um. Agora, você está relaxado, em um nível mental profundo e agradável. Com a sua ajuda, eu vou me encontrar com você lá".

4. O outro dirá: "Vou fazer uma contagem regressiva de dez a um e, a cada número que eu disser, nós nos aproximaremos mais em um nível mental profundo. Dez – nove... sinta-se aprofundando cada vez mais comigo... oito – sete – seis... mais e mais profundo... cinco – quatro... mais profundo ainda... três – dois – um. Agora,

nós dois estamos relaxados, em um nível mental agradável. Vamos nos aprofundar ainda mais juntos".

5. A primeira pessoa dirá: "Sim, vamos mais fundo. Vamos sentir o nosso lugar de relaxamento juntos. Quanto mais fizermos isso, mais fundo iremos. Observe o céu..."
6. "Sim... está azul, com poucas nuvens passando." Cada um de vocês descreverá espontaneamente, sem pressa, a cena que estão vivendo juntos: a temperatura, as cores, os sons, todos os detalhes agradáveis.
7. Quando ambos estiverem em um nível profundo, devagar, e sentindo plenamente o lugar de relaxamento dos dois, um de vocês dirá ao outro: "O que mais quero na vida é fazer você feliz, e só depois da sua felicidade é que quero pensar na minha".
8. O outro dirá: "E o que eu mais quero é fazer você feliz, e só depois da sua felicidade é que quero pensar na minha".
9. Fiquem pelo tempo que quiserem nesse momento de comunhão silenciosa e, em seguida, despertem. Para alguns casais, esse período de comunhão silenciosa pode ser sentindo com mais intensidade se os dois estiverem se olhando nos olhos. É plenamente possível permanecer em Alfa ou Teta com os olhos abertos. Se você não se sentir confortável assim, não force.

Esta é uma experiência muito mais poderosa do que você pode imaginar. Você entenderá quando tentar pela primeira vez e, com variações que vocês podem desenvolver, isso pode se tornar algo permanente na vida conjugal.

Algumas palavras de cautela: a beleza dessa experiência será perdida se for mal utilizada. Se uma das duas pessoas envolvidas não entender ou concordar plenamente com o propósito do momento, a sensação de comunhão íntima pode se transformar em uma experiência nada agradável. Eu recomendo apenas para casais que estejam em busca de um compromisso mais profundo, rico e duradouro.

Cada um de nós tem uma aura, que algumas pessoas podem enxergar como um campo de energia levemente visível ao redor do corpo. Podemos aprender a ver essa aura. Na verdade, outra consequência secundária do treinamento de Controle Mental é que muitos de nossos alunos relatam verem suas próprias auras e as de outras pessoas. Cada aura é tão distinta quanto uma impressão digital.

Quando as pessoas ficam fisicamente próximas, seus campos de energia se sobrepõem. A forma, a intensidade, a cor e vibração das auras mudam. Isso acontece tanto em teatros e ônibus lotados quanto em camas de casal. Quanto mais frequente o contato, mais duradoura é a mudança nas auras.

No caso de marido e mulher, essa mudança é positiva, porque suas auras se tornam mais complementares. A separação física prolongada reverterá o processo, o que, obviamente, não é bom para o casamento. A proximidade física é essencial. Aconselho os casais a dormirem na mesma cama.

Agora sobre sexo: o sexo não é uma experiência. Há todo um espectro de possibilidades. Não estou falando de técnicas ou posições. Refiro-me a experiências de qualidade em diferentes profundidades e intensidades. Existe uma gama muito ampla de possibilidades entre o gozo e a alegria duradoura.

Muitos casais leem manuais sobre sexo e, aperfeiçoando a técnica, acham que têm boa vida sexual. Pensar em cada passo como uma sequência lógica de ações mantém o sexo, que poderia ser uma experiência profunda, no nível superficial e consciente de Beta. O mais importante é fluir com a experiência, com a mente relaxada, em nível meditativo.

Tornar-se psiquicamente sensível pode enriquecer e melhorar muito um casamento. Mesmo sem treinamento, casamentos longos e felizes podem gerar um entendimento psíquico profundo entre os parceiros. Por que esperar?

12

Você pode praticar a PES

A PES é real? Hoje, praticamente todas as pessoas bem-informadas concordam que sim. Já foi comprovado até a última casa decimal das estatísticas de probabilidade que as informações chegam até nós por um caminho diferente, que não passa por nenhum dos cinco sentidos. Podem ser informações do passado, do presente ou do futuro. Pode ser de um ponto próximo ou distante. Nem o tempo, nem o espaço, nem as gaiolas de Faraday constituem uma barreira para as faculdades "extrassensoriais" que entram em ação na PES.

PES significa "percepção extrassensorial". Eu não gosto dessa terminologia. "Extrassensorial" significa fora; separado de nosso aparato sensorial. Seria como negar a existência de um aparato sensorial diferente dos cinco sentidos, embora seja óbvio que ele exista, já que sentimos as informações mesmo sem usá-los. Não há absolutamente nada de extrassensorial na PES. A palavra "percepção" é adequada para o tipo de experimento conduzido na Duke University por J.B. Rhine, no qual sujeitos adivinhavam cartas viradas com uma precisão suficiente para ser quase possível descartar que se tratava de mero acaso. No entanto, no Controle Mental, além de perceber, nós projetamos a nossa consciência para onde a informação desejada está. Percepção é uma palavra muito passiva para o que fazemos. Portanto, no Controle Mental, falamos de "Projeção Efetiva Sensorial". As iniciais são as mesmas, o que é bastante apropriado, já que englobamos o sentido de tudo que se entende por PES e muito mais.

Para experimentar a PES, os alunos do Controle Mental não passam por nenhum exercício de adivinhação de cartas. Esses exercícios visam descobrir se as pessoas são psíquicas. Disso nós já sabemos e, portanto, propusemos uma tarefa maior: treinar os alunos para atuar psiquicamente com a vida real, de maneiras tão empolgantes que eles sentem uma espécie de "barato" espiritual intenso, de modo que as suas vidas nunca mais são as mesmas. Isso é o que acontece ao final de cerca de quarenta horas de instruções e exercícios.

Nós treinamos as pessoas com regularidade e de forma confiável para que elas operem psiquicamente. Já fizemos isso com mais de meio milhão de alunos.

Quando você tiver dominado todas as técnicas ensinadas neste livro até agora, estará no caminho certo para praticar a PES. Você será capaz de entrar em níveis mentais profundos e permanecer totalmente consciente, de modo que poderá visualizar coisas e eventos com a plenitude da realidade dos cinco sentidos. Esses são os dois portais para o mundo psíquico.

Nas aulas de Controle Mental, os alunos ficam perto de atuar psiquicamente já ao final do segundo dia de aula e, no terceiro, eles realmente conseguem, projetando a consciência para fora de seus corpos.

Eles começam com um simples exercício de imaginação visual. Em meditação muito profunda, eles projetam uma imagem deles mesmos diante de suas próprias casas, imaginando que estão lá. Eles anotam cuidadosamente tudo o que veem antes de entrar pela porta principal e parar de frente para a parede na sala de estar. Eles veem essa sala à noite, com as luzes acesas e, depois, durante o dia, com a luz do sol entrando pelas janelas. Eles analisam todos os detalhes de que conseguem se lembrar. Então, tocam a parede e a atravessam. Isso pode soar estranho, mas é perfeitamente natural para quem já passou por um treinamento intensivo em visualização.

Dentro da parede, onde nunca estiveram antes, eles "testam" o novo ambiente, observando a luz, os odores, a temperatura e, batendo na parede pelo lado interno, sentem a solidez dos materiais. Saindo da parede e ficando de frente para ela, eles mudam a cor, pintando-a mentalmente de preto, vermelho, verde, azul e violeta e, em seguida, retornando à cor original. Em seguida, eles seguram uma cadeira (sem peso nesta dimensão) e a colocam de frente para a parede para analisá-la. Eles fazem a mesma coisa com uma melancia, um limão, uma laranja, três bananas, três cenouras e um pé de alface.

Quando a sessão é concluída, eles terão dado o primeiro passo importante para deixar a mente racional de lado e deixar a mente imaginativa assumir o controle. No tipo de exercício que descrevi agora, a mente lógica diz ao aluno: "Não, não me diga que você está dentro de uma parede ou em outro lugar estranho. Você sabe que não é possível, pois está sentado aqui".

Mas a mente imaginativa, agora fortalecida por uma série de exercícios de visualização, consegue ignorar isso. À medida que a imaginação se torna mais forte, os nossos poderes psíquicos também se fortalecem. É a mente imaginativa que os detém.

Durante a sessão seguinte, os alunos projetam-se mentalmente em cubos ou cilindros de metal (aço inoxidável, cobre, latão e chumbo) onde, assim como fizeram dentro da parede, testam a luz, os odores, a cor, a temperatura e a solidez, sempre em um ritmo rápido o suficiente para manter a lógica fora do caminho.

Partindo de arranjos simples e indo aos níveis mais complexos da matéria, eles começam a projetar matérias vivas com uma árvore frutífera. Eles a analisam passando pelas quatro estações, mudando de cores, em suas telas mentais, e em seguida projetam as folhas e os frutos.

Então, dão um grande passo à frente: projetam um animal de estimação. Os alunos tiveram tanto sucesso até então que dificilmente se perguntam se aquilo é mesmo possível. Eles analisam com confiança um animal de estimação diante de suas telas mentais, mudando suas cores. Com a mesma confiança, eles então entram mentalmente no crânio e no cérebro do animal vivo. Após alguns minutos reconhecendo o interior da cabeça do animal, eles saem de novo e voltam a analisá-lo por fora, dessa vez com foco no peito. Então, entram no peito do animal, analisam a caixa torácica, a coluna, o coração, os pulmões, o fígado. Em seguida, saem novamente, agora preparados com pontos de referência que utilizarão no quarto dia, que provavelmente será o dia mais desconcertante de suas vidas, quando trabalharão com seres humanos. No entanto, há uma preparação a ser feita.

Em um nível especialmente profundo de meditação, às vezes chegando até Teta, os alunos do curso de Controle Mental usam a imaginação, agora bem treinada, para construir laboratórios de qualquer tamanho, forma e cor, onde se sintam confortáveis. Nesses laboratórios, haverá uma mesa e uma cadeira que eles mesmos inventarão, um relógio, um calendário contendo todas as datas do passado, do presente e do futuro, além de arquivos. Até agora, nada de incomum.

Para entender o próximo passo, é necessário relembrar que o nosso aparato sensorial psíquico está muito distante da linguagem e da lógica e muito próximo das imagens e dos símbolos. Ressalto isso porque o próximo passo é equipar o laboratório com "instrumentos" para corrigir psiquicamente as anormalidades detectadas nos humanos que serão examinados no dia seguinte. A maioria desses instrumentos é diferente de tudo que você já viu em qualquer laboratório. São símbolos altamente instrumentais – instrumentos simbólicos, digamos assim.

Imagine uma peneira fina que filtra as impurezas do sangue; uma escova delicada que varre o pó branco (cálcio) que pode ser visto psiquicamente em casos de artrite; loções para cicatrização rápida; banhos para lavar a culpa; uma caixa de som que toca uma música especial para acalmar as aflições. Cada aluno forma o seu próprio arsenal; os kits de ferramentas nunca são exatamente iguais. Eles vêm de um lugar onde tudo é possível: dos níveis profundos da mente. E muitos alunos percebem que o trabalho que fazem com essas ferramentas tem consequências naquilo que chamamos de mundo objetivo.

Ao trabalhar com essas ferramentas, o aluno pode precisar de algum sábio conselho para os momentos de perplexidade, na forma de "voz interior suave e delicada". Para os alunos do curso de Controle Mental, essa voz não é suave, mas forte; não é uma, e sim duas.

No laboratório, os alunos evocam dois conselheiros, um homem e uma mulher. Antes de começar a sessão meditativa, eles são informados de que isso acontecerá, sendo que a maioria dos alunos tem uma ideia bastante clara de quem deseja como conselheiro. Contudo, raramente eles conseguem o conselheiro que desejam. Mas quase nunca ficam decepcionados.

Um aluno, desejoso de conhecer Albert Einstein, conheceu, em vez de Einstein, um homenzinho com maquiagem de palhaço, uma bola de pingue-pongue cor-de-rosa no lugar do nariz e usando um boné com um cata-vento. Aquele homenzinho acabou se tornando uma fonte confiável de conselhos práticos.

Outro aluno, Sam Merrill, que escreveu um artigo sobre Controle Mental no *New Times* (2 de maio de 1975), evocou duas pessoas reais como conselheiros, embora a forma como se comportassem fosse muito diferente do que eram na realidade.

Merrill conta que "um homenzinho de cueca e camisa de seda surgiu na câmara de descompressão do *Nautilus* [o submarino que ele usava como laboratório]. Era um homem magro, careca e gentil, com olhos inocentes e profundos. O meu conselheiro era William Shakespeare. Eu disse 'Oi', mas ele não respondeu.

"[...] Uma voz sem corpo anunciou que iríamos desembarcar, e Will e eu saltamos pela escotilha e fomos parar em uma praia deserta [...].

"Na praia, conhecemos a minha segunda conselheira, Sophia Loren. Ela tinha acabado de voltar de um mergulho e sua camiseta de algodão estava colada ao corpo. Ela também me ignorou a princípio, mas ficou muito feliz ao conhecer Shakespeare. Os dois apertaram as mãos, trocaram gentilezas, depois caíram na areia, começaram a se debater, grunhir, gritar."

No dia seguinte, na hora do trabalho sério com os casos, o orientador do senhor Merrill lhe atribuiu uma senhora de 62 anos da Flórida. Os dois conselheiros, mais interessados um no outro do que na mulher, olharam para ela alegremente e saíram para tratar de assuntos mais urgentes.

Os conselheiros saíram sem dar conselhos? Não. O abdome da mulher havia desaparecido. "No lugar dele", escreveu Merrill, "havia um pedaço de intestino rosa neon brilhando". Ele soube por seu orientador que a mulher estava no hospital com diverticulite, uma inflamação grave no intestino.

Os conselheiros podem ser muito reais para os graduados do Controle Mental. Quem são eles? Não temos certeza. Talvez invenção de uma imaginação arquetípica, talvez uma personificação da voz interior, talvez algo além. O que sabemos é que, quando conhecemos os nossos conselheiros e aprendemos a trabalhar com eles, a relação é respeitosa e de grande valor.

Mais de quatro séculos antes de Cristo, o filósofo grego Sócrates tinha um conselheiro que, ao contrário dos nossos conselheiros no Controle Mental, limitava-se a fazer advertências. Segundo Platão, Sócrates disse: "Desde a infância, sou orientado por um ser semidivino cuja voz às vezes me convence a desistir de alguma ideia, mas nunca me orienta sobre o que devo fazer". Outro escritor, Xenofonte, cita Sócrates, dizendo: "até agora, a voz nunca errou".

Como você verá em breve, os graduados do curso de Controle Mental, atuando mentalmente em seus laboratórios e consultando seus conselheiros com confiança, são pessoas com imenso poder para fazer o bem a si mesmos e aos outros. Nessa altura do treinamento de Controle Mental, os alunos entendem isso, mas ainda não experienciam de fato.

No dia seguinte, sente-se a expectativa no ar. Mesmo os nossos graduados que voltam para fazer cursos de atualização têm essa sensação. Até então, tudo o que o aluno sentiu foi uma experiência individual, na privacidade de sua própria mente. Agora chega o momento de fazer acontecer, para que todos possam ver.

Há dois exercícios mentais prévios: duas análises mentais do corpo de um amigo, mais ou menos como foi feito anteriormente com animais, mas desta vez com mais detalhes funcionais. Assim que esses exercícios são concluídos, os alunos formam duplas.

Um membro de cada dupla é designado como "psico-orientador", e o outro, como "operador psíquico". ("Psico-orientador" é derivado de "psico-orientação", uma palavra que criei para descrever o que fazemos no Controle Mental e que significa orientar a mente.)

O psico-orientador escreve num cartão o nome de uma pessoa que conhece, sua idade, sua situação de vida e uma descrição de algum problema físico importante. O operador psíquico, às vezes com a ajuda do seu psico-orientador, entra no seu nível, sem confiança no que está fazendo provavelmente pela primeira e última vez.

Quando ele sinaliza que está pronto (em seu nível, em seu laboratório, na presença de seus conselheiros), o psico-orientador diz nome, idade, sexo e localização da pessoa cujo nome está no cartão. O trabalho do operador psíquico é descobrir o que há de errado com essa pessoa que ele nunca conheceu e de quem nunca ouviu falar até então. Ele examina o corpo da pessoa, por dentro e por fora, da maneira ordenada, como a sua imaginação foi treinada a fazer, consultando seus conselheiros quando necessário, talvez até "falando" com a pessoa.

O operador psíquico é incentivado por seu psico-orientador a relatar as descobertas e não parar de falar, mesmo se sentir que aquilo não passa de um palpite. Normalmente, uma sessão seria assim (baseado em um caso real):

Psico-orientador: "O nome da pessoa que escrevi aqui é John Summers. Ele tem 48 anos e mora em Elkhart, Indiana. Um, dois, três: John Summers, de Elkhart, Indiana, agora está na sua tela. Sinta-o, perceba-o, visualize-o, imagine-o, crie-o, saiba que ele está lá, tenha certeza de que ele está lá. Analise o corpo dele com a sua inteligência, desde o local onde você sabe que fica a cabeça até onde você sabe que estão os pés, de cima para baixo, de cima para baixo, uma vez por segundo.

"Ao analisar um corpo dessa maneira, permita que a sua imaginação selecione as três áreas que mais lhe atraem. Mantenha o ritmo da análise e fale para mim quais são as áreas que mais despertam a sua atenção, conforme elas aparecem para você. Vai parecer que você está inventando, então conte-me tudo o que passar pela sua cabeça."

Operador psíquico: "O ombro direito dele está um pouco caído e curvado para a frente. Todo o resto parece bem, exceto talvez o tornozelo esquerdo. Vamos olhar dentro do peito. Há uma sensação de calor... um pouco mais frio à direita. Mais frio e mais escuro. O pulmão direito dele não está onde deveria estar. Agora, vamos partir para o tornozelo. Parece bom, exceto por uma pequena linha branca irregular. Dói quando o tempo está úmido. Ele deve ter quebrado o tornozelo em algum momento. Acho que é só. Espere, a minha conselheira está virando o sujeito na minha direção, apontando para um ponto atrás de sua orelha. Sim, há cicatrizes profundas ali. Ele fez uma mastoidectomia profunda. Pronto, acabou."

Psico-orientador: "Muito bem. Ele não tem o pulmão direito e há uma cicatriz profunda atrás da orelha. Não tenho informações sobre o tornozelo. Agora, analise novamente o que você sentiu ao me contar sobre o pulmão direito e a cicatriz atrás da orelha. Analise o seu sentimento e use isso como ponto de referência na próxima vez que trabalhar em um caso."

Após um momento de pausa, o operador psíquico retorna a Beta, sorrindo. "Uau! Que loucura!"

Sim, é uma loucura. A experiência extrapola tudo o que vivenciamos neste mundo. No entanto, não há nada de incomum nessa cena que acabei de descrever. Algumas pessoas erram um pouco no primeiro caso, outros erram tudo no primeiro, segundo e até no terceiro caso. Mas até o final do dia praticamente todos acertaram o suficiente para saber que não é "apenas coincidência", mas sim algo muito real que acontece ali.

Muitas vezes pensamos na imaginação como uma criadora de bobagens desprovida de responsabilidade. Comumente, é isso mesmo. Mas imaginações treinadas produzem verdadeiras obras de arte.

Resultados psíquicos também são produto de imaginações treinadas de uma maneira muito especial. Os graduados do curso de Controle Mental, quando operam psiquicamente pela primeira vez, sentem que estão "apenas imaginando" o que estão vendo. É por isso que o psico-orientador lhes diz para "continuar falando, ainda que você sinta que é apenas um palpite". Se o fluxo for interrompido, a mente lógica poderá tentar ativar o raciocínio, sufocando os poderes psíquicos, assim como acontece na vida cotidiana.

Após o primeiro acerto em cheio, os alunos do curso de Controle Mental sabem que não estão "apenas imaginando". Eles aprendem a imaginar e a confiar na primeira coisa que lhes vem à mente. É o dom psíquico chegando.

O que está em funcionamento são leis perfeitamente naturais. A mente não fica confinada ao espaço da cabeça. Ela se expande. Para se expandir de forma eficaz, a mente deve ser motivada pelo desejo, alimentada pela crença e estimulada pela expectativa.

No primeiro caso, os alunos não costumam ter altas expectativas. Se os alunos forem bem-informados e tiverem a mente aberta, saberão muito bem que a PES existe, mas tudo o que aprenderam durante a vida "provou" que a PES é uma habilidade de outras pessoas, não deles. Uma vez que aprendem que isso não é verdade, quando acertam em cheio pela primeira vez, as expectativas aumentam e eles percebem que estão no caminho certo. Algumas horas depois, com oito ou nove outros casos positivos no currículo, os alunos serão graduados em Controle Mental.

"Já vi muitos alunos diagnosticando doenças corretamente", escreveu Bill Starr, da *Midnight*, em seu artigo "Mind Control Classes CAN Improve Your Mental Power" (Aulas de Controle Mental podem SIM melhorar o poder da sua mente), publicado em 19 de novembro de 1973. No artigo, ele descreveu um caso que apresentara uma vez e que achava que seria bastante difícil de diagnosticar, porque ninguém na aula sabia de qual doença se tratava.

Naquele mesmo dia, o senhor Thomas, um graduado do curso de Controle Mental, visitou o filho no hospital. Havia outro paciente no quarto. Dele, Thomas só soube o nome.

E eis o que o médium descobriu: a perna direita do paciente estava "meio paralisada", os braços e ombros estavam rígidos e algumas vértebras fundidas por causa de uma doença. Além disso, o homem estava com dor de garganta e seus intestinos estavam inflamados. Ele tinha um metro e setenta de altura e pesava 47 quilos.

De volta ao hospital, o senhor Thomas descobriu que o paciente fora vítima de poliomielite na infância. Ele havia caído de uma cadeira de rodas e quebrado o quadril direito, e tudo o que o aluno do Controle Mental disse estava correto, exceto a dor de garganta e os intestinos inflamados. Esses eram os sintomas que seu filho sentia.

Frequentemente, o que parecem erros, como nesse caso, são na verdade acertos no alvo errado. Com a prática, a mira melhora. Com mais prática, o operador psíquico pode se conectar com coisas e com pessoas.

Dick Mazza, ator e cantor de Nova York, complementa sua renda digitando manuscritos de livros para escritores e editoras. Um dia, ele perdeu um manuscrito e ligou freneticamente para um graduado do Controle Mental, pedindo ajuda para encontrá-lo. Segundo Mazza, ele o vira pela última vez antes de entrar no auditório de uma pequena igreja para ensaiar uma peça. Um grupo de jovens agentes funerários, que estava lá para o ensaio de formatura, estava de saída. O manuscrito estava em um envelope branco com o nome e endereço de Dick e a palavra "rápido" escrita nele.

Aquele graduado do curso de Controle Mental tinha como um de seus conselheiros uma mulher idosa e muda, que se limitava a acenar *sim* e *não* com a cabeça e usar uma espécie de língua de sinais. O outro conselheiro ajudava como intérprete e ocasionalmente também oferecia conselhos.

O graduado visualizou o manuscrito tal como Dick o descreveu. Ele o viu no meio de uma pilha de papéis, em cima de uma mesa grande e bagunçada.

"O manuscrito está seguro lá?", ele perguntou à sua conselheira. Ela assentiu.

"Será que um dos novos agentes funerários está com ele?"

Não.

"Está na escrivaninha na igreja?"

Não.

"Será devolvido em breve?"

Sim.

"Quem está com ele?"

Ela apontou para o próprio graduado. "Eu estou com o manuscrito?", ele perguntou.

Não.

O outro conselheiro veio ao resgate. "Ela quer dizer que alguém da sua idade está com o manuscrito. Ele pediu a uma jovem que levasse os papéis de volta ao escritório, porque sairia para comemorar com seus alunos. Está na mesa dele. Não se preocupe, quando ele vir, irá enviá-los para Dick."

Dois dias depois, o coordenador da escola de agentes funerários telefonou para Dick. Ele explicou que, após a formatura, pegou uma pilha de papéis, no meio da qual estava o manuscrito, e pediu à secretária que os colocasse em sua mesa, porque sairia para tomar alguns drinques com os formandos.

Muitas pessoas acham que esses casos não são nada mais do que uma simples transferência de pensamento. (Uma simples transferência de pensamento! Como essas pessoas são exigentes!)

O caso que usei como exemplo (o do homem sem pulmão) é real. Você deve lembrar que houve uma aparente falha, o tornozelo quebrado. O orientador pôde confirmar (já que havia anotado de antemão) a mastoidectomia e a ausência do pulmão. Mas tudo o que ele conseguiu dizer sobre o tornozelo quebrado foi: "Não tenho informações sobre isso".

Mais tarde, a pessoa cujo caso estava sendo resolvido confirmou que, de fato, havia quebrado o tornozelo anos antes e que isso lhe causava desconforto quando o clima estava úmido. Transferência de pensamento? Não como normalmente entendemos. O pensamento não estava na mente do orientador, pois ele não sabia nada sobre o tornozelo quebrado. Nem era provável que ele estivesse na mente do sujeito naquele momento.

Mas, você pode argumentar, talvez estivesse na mente dele. Sim, pode ser. Outro caso: um estudante que fazia um estudo de caso relatou que uma mulher tinha uma cicatriz no cotovelo resultante de uma fratura. O orientador não obteve nenhuma informação a esse respeito e perguntou à mulher, que disse que nunca havia machucado o cotovelo. Alguns dias depois, a mulher mencionou o ocorrido à sua mãe. Ela descobriu que havia quebrado o cotovelo quando tinha três anos! Isso é transferência de pensamento?

A energia psíquica que as pessoas emitem é mais forte quando o que está em jogo é a sobrevivência. É por isso que tantos casos de PES espontânea envolvem acidentes e morte súbita.

E é por essa razão que o nosso exercício final é um estudo de caso com pessoas que têm doenças graves. O graduado que pratica de forma consciente, aprende a captar sinais psíquicos cada vez mais sutis, até que um dia se sente capaz de se conectar psiquicamente com qualquer pessoa que tenha em mente, quer a pessoa esteja com problemas ou não. Com a prática, vamos nos tornando cada vez mais sensíveis.

Em meus primeiros experimentos, aprendi que as crianças desenvolvem habilidades psíquicas mais rápido do que os adultos. Elas são muito menos limitadas pela visão em Beta, e seu senso de realidade não se desenvolveu a ponto de dizerem apenas coisas aparentemente lógicas.

Um experimento, logo após o aprendizado dos princípios básicos do curso de Controle Mental, foi planejado para conceber a estrutura das sessões de caso que descrevi. Como você verá, a técnica que eu costumava usar era muito diferente da que uso hoje.

Duas crianças, Jimmy e Timmy, aprenderam os princípios básicos. Eu os separei, colocando cada um em uma sala e com um experimentador, uma espécie de precursor do psico-orientador de hoje. Foi pedido que uma das crianças, Jimmy, entrasse em seu nível e criasse algo, qualquer coisa, com a sua imaginação. Enquanto isso, Timmy, na outra sala, atingiu seu nível e pediram para que ele descobrisse o que Jimmy estava fazendo. Jimmy disse ao experimentador: "Eu estou fazendo um caminhãozinho com a carroceria verde e rodas vermelhas".

O experimentador de Timmy perguntou: "O que Jimmy está fazendo agora?"

"Ah, ele está fazendo um caminhãozinho de brinquedo."

"Você pode descrever o caminhão?"

"Tem a carroceria verde e rodas vermelhas."

Este caso aconteceu em um nível mais sutil do que realizamos com os adultos em nossas aulas. É preciso prática para "fazer-se como crianças".

13

Reúna o seu próprio grupo de prática

Eu quero que você chegue o mais perto possível, por meio da leitura deste livro, do pleno potencial do desenvolvimento de suas habilidades mentais, como fazemos nas aulas de Controle Mental. Será necessário treinar com constância, por bastante tempo, mas de maneira agradável. Até agora, os exercícios que passei podem ser praticados sozinhos. Daqui a um ou dois meses, quando você se tornar proficiente, estará pronto para trabalhar com os casos que acabamos de descrever. Neste momento, você precisará da ajuda de outras pessoas, sob condições cuidadosamente controladas. Você deve fazer o seguinte:

Antes de começar a fazer o primeiro exercício deste livro, forme um grupo de pelo menos seis pessoas compatíveis, que também aprenderão a praticar os exercícios. Mantenham contato à medida que a leitura avança e, quando todos estiverem preparados, tendo de fato dominado todos os exercícios, reúnam-se para começar a trabalhar nos casos. Reserve ao menos um dia inteiro para a primeira sessão. Todos deverão trazer pelo menos quatro cartões contendo, de um lado, nome, idade e localização de uma pessoa com um quadro médico grave e, de outro, qual doença a acomete. Descreva com muitos detalhes, pois isso ajudará na hora de verificar.

Comecem projetando-se mentalmente em algo metálico. Você não terá à disposição cubos ou cilindros de metal como temos nas nossas aulas, mas pode usar moedas, um anel de ouro, um pequeno ímã. Todos os presentes devem examinar os objetos com minúcia. Em seguida, cada um deverá entrar em seu nível e imaginar um objeto de cada vez, vários metros à frente, acima do nível dos olhos.

Imagine o objeto se expandindo até ficar quase do tamanho da sala, então entre nele e faça vários testes.

Faça o mesmo com frutas e legumes e, finalmente, com um animal de estimação. Você pode considerar que teve sucesso nesses exercícios quando todos sentirem diferença ao examinar diferentes objetos. Não é necessário que os resultados de cada teste sejam claros e detalhados, apenas que a experiência com cada objeto seja distinta da experiência com os outros objetos. As suas impressões podem ser totalmente diferentes das de outra pessoa. Isso não é importante: o que importa é o que você encontra, aquilo que se torna o seu ponto de referência.

Ainda não desenvolvi uma forma, por meio das páginas impressas, de ajudá-lo a evocar seus conselheiros. Se você conseguir fazer isso sozinho, ótimo, mas é perfeitamente possível continuar bem sem eles, embora o seu progresso possa ser mais lento.

Para trabalhar nos casos, forme duplas, assim como fazemos nas aulas de Controle Mental. No Capítulo 12, você encontrará as palavras que o orientador fala ao médium ao apresentar o caso. São exatamente as mesmas palavras que usamos em sala de aula, e sugiro que o seu grupo também as use.

Eu comentei que vocês devem fazer esse exercício sob condições cuidadosamente controladas. O que eu quero dizer é o seguinte:

1. Selecione um local tranquilo onde dificilmente haverá alguma interrupção;

2. Certifique-se de que cada membro do grupo praticou todos os exercícios deste livro, na ordem correta, e conseguiu realizá-los com sucesso;

3. Deixe combinado que não poderá haver nenhum tipo de disputa de ego. É provável que, a princípio, alguém do grupo tenha um sucesso maior do que o resto. Isso não significa que tal pessoa seja "melhor" ou superior. Significa apenas que ela conseguiu antes dos outros. Alguns talvez só comecem a atuar psiquicamente no quinto ou no sexto encontro, mas são os que costumam se tornar os melhores psíquicos;

4. Se você conhece alguém que já fez o curso de Controle Mental, peça-lhe que venha com você. A experiência anterior com Controle Mental será de grande ajuda. Mesmo que a pessoa não pratique há algum tempo, uma breve atualização com este livro ou outra rodada de aulas de Controle Mental (que os ex--alunos podem fazer gratuitamente) servirá para ela recordar;

5. Quando você estiver atuando psiquicamente, deixe as suas dúvidas de lado e mergulhe de cabeça. Ouça a sua intuição, adivinhe, mas, acima de tudo, não tente racionalizar as suas descobertas. Não diga "Ah, não pode ser" e fique à espera de outra impressão. O que lhe ocorre no primeiro pensamento costuma ser mais exato do que aquilo que vem à mente depois. Continue falando! Analise o corpo de cima para baixo e descreva o que vê;

6. Quando você estiver atuando como orientador, não dê dicas. A ideia é que o operador psíquico consiga se sair bem, porém não adiantará de nada se você disser: "Volte agora para o peito. Tem certeza de que não há nada de errado ali?".

   Não diga ao operador psíquico que ele está errado. Nos estágios iniciais, quando podem acontecer mais erros, é comum ir parar em outros casos. É um erro relativamente pequeno e pode ser corrigido com um pouco de prática. Palavras desencorajadoras do psico-orientador podem interromper o progresso. Diga apenas: "Não tenho informações sobre isso";

7. Seja paciente. Se mais de meio milhão de pessoas como você já tiveram sucesso, certamente você também terá. Conseguir sozinho ou com um grupo informal pode levar mais tempo, mas por que a pressa?

8. Quando todos começarem a ter êxito nos casos, mantenham o grupo unido, continuem se encontrando e trabalhando juntos nos casos. Vocês se tornarão cada vez melhores até que um dia, em breve, conseguirão trabalhar sozinhos, pois estarão sensíveis às mensagens sutis da vida cotidiana, não apenas às mensagens poderosas emitidas por doenças graves;

9. Não use ninguém que esteja presente como caso. Há uma distinção jurídica entre trabalhar com alguém presente e trabalhar com alguém que está longe. No primeiro caso, trata-se de diagnóstico, que deve ser feito por médicos e profissionais da saúde. No segundo, com ausentes, é uma avaliação psíquica, perfeitamente conforme à lei;

10. Quando você descobrir alguma anormalidade em um caso em que está trabalhando, não se apresse em dar a notícia. Esse é o trabalho do médico. O seu é desenvolver habilidades psíquicas para poder ajudar as pessoas psiquicamente, sempre dentro da lei. Corrija de forma mental aquilo que detectar. Você detecta mentalmente, então também pode corrigir pelo mesmo meio.

Eu disse neste capítulo que não significa muita coisa ter êxito antes dos outros. Aprendi essa lição de uma maneira poderosa logo quando comecei a dar aulas, em 1967. Um dos meus alunos era um instrutor de voo, Jim Needham. Nada aconteceu para ele até o último dia do curso. Ele errou em absolutamente todos os casos em que trabalhou. Ninguém mais naquela turma de 32 alunos se saiu tão mal.

Mas Jim viu todo mundo se saindo bem, com um acerto atrás do outro. Ele então elaborou um plano para praticar em casa com sua esposa, que havia feito o curso com ele. Ela recortava matérias de jornais sobre vítimas de acidentes e, todas as noites, entrando no seu nível, tentava trabalhar nos casos. Ele dizia à esposa os nomes, as idades e os gêneros das vítimas, além das localizações dos acidentes e uma descrição dos ferimentos. Não apenas isso, ela também lia para ele nomes retirados da lista telefônica e ele tentava adivinhar a profissão das pessoas. Depois de seis meses errando tudo, finalmente houve um avanço: ele conseguiu acertar seu primeiro caso. E depois veio outro e mais outro. Hoje ele trabalha comigo em Laredo, treinando instrutores de Controle Mental, e é um de nossos psíquicos mais confiáveis. Na verdade, Jim consegue atuar psiquicamente sem entrar em Alfa. Faz parte da sua vida cotidiana.

Uma noite, no nível Beta, ou consciência exterior, Jim estava ajudando uma turma no exercício de evocar conselheiros. Ele viu um homem negro enorme, vestido com mantos cheios de brocados dourados e usando uma pulseira larga com pedras, aproximar-se de um dos alunos. O aluno o rejeitou e ele se aproximou de outro, depois desapareceu de sua aura.

Terminado o exercício, a primeira aluna relatou que tinha encontrado apenas um conselheiro. Apareceram dois, mas o conselheiro homem era Otelo, e ele tinha uma aparência muito assustadora. O segundo aluno exclamou: "Eu fiquei com Otelo. Ele não surgiu de imediato, mas apareceu lá pelo final do exercício!".

Talvez você não tenha que perseverar tanto quanto Jim Needham, pois esse é um caso muito raro, mas se você demorar um pouco para conseguir, isso não significa que não tenha dom psíquico. Significa apenas que o sucesso pode demorar mais para chegar até você.

14

Como ajudar outras pessoas usando o Controle Mental

Detectar doenças em pessoas que você nunca viu é bastante surpreendente, mas não paramos por aí. Nos corpos onde projetamos nossa consciência, também projetamos a cura.

Obviamente há muita energia envolvida na projeção mental, uma energia direcionada pelas intenções das nossas mentes. Passe a concentrar as suas intenções na cura, não mais na coleta de informações, e a energia mudará também.

Como vincular as nossas intenções a essa energia para que ela realize o que queremos? A intenção sozinha, em sua forma pura, é como a vontade. Como eu disse no capítulo sobre controle de hábitos, a vontade por si só não é muito útil. Assim como detectamos anormalidades ao visualizá-las, podemos visualizar as condições que queremos que aconteçam – sem as anormalidades. É cura psíquica. Simples assim.

Para a maioria das curas que você desejará operar, não será necessário dominar a técnica de trabalhar com casos. Você pode se tornar um curador psíquico eficaz simplesmente usando a sua tela mental, da mesma forma como faz para resolver problemas. Na verdade, mesmo nos estágios iniciais de meditação e visualização, você poderá alcançar bons resultados.

Muitas das possibilidades da vida se encontram em um equilíbrio precário. Com um empurrãozinho, você poderá pendê-lo a seu favor. Às vezes, é claro, a balança já está pendendo para um lado e será preciso um psíquico talentoso, que você será, para incliná-la para o outro lado. Se você esperar até ser tão eficaz no Controle Mental quanto gostaria para só então começar a atuar com curas psíquicas, desperdiçará oportunidades inestimáveis de ajudar quem precisa.

Comecei meu trabalho de cura muito antes de desenvolver o método de Controle Mental e, na verdade, até mesmo antes de ter uma metodologia organizada para praticar a cura. Eu experimentei vários métodos, com resultados variados. O mais importante é que não esperei, e consegui realizar uma quantidade significativa de curas (o suficiente para que eu ganhasse uma certa fama de curandeiro na minha região de fronteira entre os Estados Unidos e o México). Muita gente achou que eu tinha algum dom especial ou poderes incomuns, mas na verdade eu simplesmente lia e testava, até pegar o jeito.

Uma das minhas primeiras curas demonstra como os meus métodos costumavam ser diferentes. Em 1959, ouvi falar de um pároco da região de Laredo que há quinze anos sofria de dores e inchaço nos joelhos. Ele se via obrigado a ficar de cama. A dor e o isolamento não eram as únicas preocupações do padre. Ele não conseguia se ajoelhar nos momentos da celebração da missa em que deveria ficar de joelhos. O Arcebispo lhe concedera uma dispensa, mas aquilo não livrara o pobre homem da sensação de estar prejudicando um ritual sagrado.

Eu fui vê-lo. "Acho que posso ajudá-lo", eu disse. "Não sou médico, mas trabalho com parapsicologia há doze anos e tive resultados muito similares aos da cura pela fé, que o senhor conhece tão bem."

Assim que eu disse as palavras "resultados muito similares aos da cura pela fé", o padre ficou mais preocupado comigo do que consigo mesmo. Parapsicologia?

"Nunca ouvi falar sobre essa ciência. Espero que você não esteja envolvido com algo que a nossa Santa Igreja desaprovaria."

Expliquei, da melhor maneira que consegui, alguns dos princípios da parapsicologia que eu havia aprendido e como era possível desencadear a cura. Nada do que eu disse parecia ir de encontro à teologia daquele homem. Ele prometeu pesquisar melhor e talvez me ligar em breve. O olhar de compaixão em seu rosto e a descrença que ouvi em sua voz me deixaram sem esperanças de ter notícias dele outra vez. Eu sabia, porém, que ele rezaria para me proteger contra perigos que a sua mente acreditava que fossem tão sérios que chegavam a ofuscar sua própria situação.

Eu tive notícias do padre um mês depois e, novamente, fui me sentar ao seu lado na sua cama de enfermo.

"José, como você sabe, o Senhor nos conduz por caminhos estranhos. Alguns dias depois da sua visita, recebi uma circular com uma resenha de um livro escrito por um dos irmãos da nossa ordem. Encontrei um capítulo inteiro dedicado à tal da parapsicologia que você me explicou naquele dia. Agora eu entendi melhor e estou disposto a deixar você testar o seu trabalho em mim."

Fiquei com ele por mais de uma hora falando sobre as minhas leituras e sobre alguns dos trabalhos que eu havia feito. Quanto mais tempo eu permanecia, mais eu gostava do homem. Por fim, ele se cansou e chegou a hora de eu ir embora.

"Tudo bem", ele disse, "quando vamos começar o tratamento?"

"Padre, já começamos."

"Não entendi."

"É uma coisa mental, Padre, e enquanto nós conversávamos, eu já comecei a trabalhar."

Fiz o resto do trabalho em casa naquela mesma noite. Na manhã seguinte, o padre me ligou e, com surpresa e alegria na voz, relatou uma grande melhora que ocorrera durante a noite.

Três dias depois da minha visita, ele já conseguia andar e se ajoelhar, nunca mais sentiu desconforto nos joelhos. Milagre? Não, um fenômeno puramente natural. O que eu fiz foi o seguinte:

Durante a conversa, que durou mais de uma hora, ficamos alertas e relaxados ao mesmo tempo, duas condições importantes para a cura. Os assuntos sobre os quais conversamos aumentaram a sua confiança na parapsicologia. A confiança está para a parapsicologia como a fé está para a religião. Nesse ínterim, comecei a visualizá-lo em melhores condições de saúde e, tão importante quanto, aprendi a gostar cada vez mais dele. O amor é tremendamente poderoso. Eu quis ter esse aliado ao nosso lado.

Fiz mais uma coisa para me preparar para o que faria mais tarde naquela noite. Para conseguir visualizá-lo melhor depois, analisei o padre: seu rosto, a sensação do seu aperto de mão, suas várias expressões e maneirismos, o som da sua voz, a sensação geral de estar em sua presença. Esse foi o "trabalho inicial".

Horas depois, quando o padre estava dormindo e eu voltara para a minha casa, concluí o trabalho. O que fiz foi completamente diferente do que eu faço agora. Eu havia aprendido que as energias psíquicas são transferidas com mais eficácia quando é uma questão de sobrevivência, como mencionei no capítulo anterior. Em vez de entrar no meu nível, como eu faria hoje, prendi a respiração para imaginar o padre em perfeita saúde.

Longos minutos se passaram, até que meu corpo gritou por ar. Ainda assim, mantive na minha mente a imagem do padre em perfeita saúde. Enquanto isso, meu cérebro, em uma espécie de grito psíquico, manifestou-se, e a energia daquele grito levou aquela imagem de saúde perfeita, projetada com tanto cuidado, para onde ela deveria ir.

Por fim, respirei, com a certeza de que o trabalho tinha sido feito. E tinha mesmo. O método que ensino e uso hoje é muito mais fácil e igualmente eficaz. Basta aprender a usar a tela mental com vividez e confiança. Descrevo abaixo o procedimento passo a passo.

1. É útil, embora não necessário, conhecer a situação da pessoa que você está prestes a curar. Você pode fazer isso psíquica ou objetivamente, não importa;

2. Entre no seu nível meditativo e projete essa pessoa na sua tela mental, tal como ela é, com a doença que a está incomodando. Coloque outra imagem na tela à esquerda, exibindo algo sendo feito para corrigir o problema. (Se você ainda não conhece a pessoa e não está pronto para trabalhar no caso, tente obter informações prévias sobre a aparência da pessoa para deixar a sua visualização mais precisa possível.);

3. Agora, projete na tela, no canto esquerdo, uma imagem vívida da pessoa em perfeita saúde, cheia de energia e otimismo. Em meditação profunda, você fica extremamente receptivo ao que diz a si mesmo. Esse momento é crucial para gerar a convicção de que a imagem feliz que você projetou da pessoa é real – não que esteja se tornando real ou que será real, mas sim que *já é real*. A razão para isso é que nesse nível meditativo, em Alfa e Teta, a sua mente se alinha às causas; em Beta, a mente lida com resultados. Ao visualizar, com convicção, nos níveis Alfa e Teta, você está *provocando*. Não importa o que você parece estar fazendo ao substituir "é" por "será". O tempo tem outro significado neste nível. Visualize os resultados desejados como se você já os tivesse alcançado.

Entre as leis do universo, parece haver uma espécie de Declaração de Direitos Cósmica que garante que todos nós, ricos ou pobres, inteligentes ou estúpidos, possamos fazer acontecer coisas legítimas se tivermos firmeza de desejo, crença e expectativa. Isso já foi dito antes, quase dois mil anos atrás, como conta Marcos no Novo Testamento: "Tudo o que pedirdes em oração, crede que o recebereis, e tê-lo-eis".

Ao visualizar a pessoa em perfeita saúde, chegará um momento de muita satisfação em que você saberá que fez o suficiente. É satisfatório porque dá uma sensação de dever cumprido. Conte para voltar ao nível Beta, de um a cinco, "sentindo-se bem acordado e melhor do que antes".

Quanto mais você praticar esta técnica, mais coincidências acontecerão e mais firme será a sua crença, que, por sua vez, provocará coincidências ainda mais belas. Assim que você aprender a usar a sua tela mental, poderá começar a desencadear essa reação.

Embora as técnicas de fé e cura psíquica sejam diferentes, acredito que os princípios (e resultados) são os mesmos. Os rituais de cura pela fé diferem de uma cultura para outra, mas têm o mesmo duplo efeito: induzir a um nível mental mais profundo e reforçar a crença e as expectativas.

Muitos curandeiros usam métodos que os deixam esgotados. A energia deles é drenada e às vezes eles chagam a perder peso em uma única sessão. Isso não é necessário. Na verdade, os métodos do Controle Mental têm o efeito oposto. Quando sentimos essa sensação de realização, percebemos uma elevação nada sutil e despertamos "sentindo-nos melhor do que antes". Descobrimos que curar os outros também é bom para o curador.

Muitos curandeiros acham que não podem se curar. Alguns acham que, se tentarem, perderão seus "poderes". Nós provamos que isso é falso inúmeras vezes. Muitos acreditam também que precisam estar diante da pessoa que estão curando para um "toque das mãos". Mas isso é ilegal para quem não é médico ou membro reconhecido de alguma igreja. E, mais importante, é desnecessário. Cura-se a distância.

Ao discutir isso nas aulas de Controle Mental, frequentemente citamos o caso do servo do centurião que Jesus Cristo curou a distância. Cristo não viu o servo, apenas o centurião que lhe contou o problema. "E o seu servo foi curado na mesma hora."

Uma pequena observação: veja que, em nosso folclore, quando fazemos um pedido, seja com um osso da sorte, quando vemos uma estrela cadente ou quando sopramos velas de aniversário, somos advertidos a não revelar o nosso desejo. Provavelmente, esse segredo é mais do que uma mera brincadeira de criança. Acho que há mesmo alguma sabedoria por trás disso. Manter o nosso desejo – ou, sendo mais específico, manter a nossa visualização de cura – em segredo é, aparentemente, uma maneira de evitar a dissipação da energia ou talvez até de aumentar a energia envolvida. Por esta razão, eu e muitos dos nossos professores aconselhamos os alunos a manter seus trabalhos de cura em segredo. Quando Cristo disse após uma de Suas curas: "Cuidem para que ninguém saiba disso", Ele não estava pedindo para lhe acobertarem. Suas razões eram mais profundas.

15

Algumas especulações

Assim como o curso de Controle Mental, os Capítulos 3 a 14 que você acabou de ler foram escritos para ajudá-lo a usar a mente de maneiras especiais para resolver os problemas que afligem todos os seres humanos. O que você leu é fruto de meus mais de trinta anos de estudo e experiência. Como podem ver, meu trabalho acontece em um nível muito prático, talvez porque eu nasci muito pobre e tive de enfrentar problemas concretos desde cedo.

No entanto, sempre me pareceu natural especular sobre as inúmeras descobertas que me surpreenderam ao longo do caminho. Tendo sido influenciado por diversas leituras, por companheiros eruditos e, mais do que tudo, pela riquíssima tradição do cristianismo, não posso afirmar que tais pensamentos são originais.

Uma das coisas que me surpreendeu foi que nada do que eu descobria ser factível entrava em conflito com as minhas convicções religiosas. Infelizmente, por muitos séculos, houve uma relação incômoda entre a ciência e a religião. Pessoalmente, nunca tive essa sensação. O que me surpreendeu ainda mais foi que as minhas descobertas não conflitavam com nenhuma outra religião ou com qualquer visão de mundo estabelecida. Entre nossos graduados há ateus, protestantes de todas as denominações, católicos, judeus, muçulmanos, budistas e hindus, além de cientistas e estudiosos de um amplo espectro de disciplinas.

Isso significa que não há valores inerentes ao Controle Mental? Que as técnicas que desenvolvi não são boas nem ruins, mas sim tão neutras quanto a tabuada? Eu disse que falaria de especulações neste capítulo, mas, quanto a isso, tenho algumas convicções firmes, as quais acredito poder defender com lógica. Vou colocar minhas ideias em uma espécie de catecismo:

1. O universo tem leis? Claro, a ciência está descobrindo quais são elas.

2. Podemos quebrar essas leis? Não. Podemos pular de um prédio e morrer, ou ficar doentes, mas as leis não são quebradas. Somos nós que nos quebramos.

3. O universo pode refletir sobre si mesmo? Sabemos que ao menos uma parte dele pode: nós. Não é razoável concluir que o todo também pode refletir?

4. O universo é indiferente a nós? Como poderia? Somos parte dele, e ele responde a nós.

5. Somos fundamentalmente bons ou maus? Quando estamos em contato mais próximo com nós mesmos, em meditação, não conseguimos fazer mal nenhum. Só conseguimos fazer o bem.

Se não fosse pelos meus experimentos que comprovam o item número 5, a minha visão da realidade e eu seríamos muito diferentes do que somos.

A melhor definição que já ouvi da realidade é que ela é o único sonho que todos compartilham. Não temos muita ideia do que ela é realmente. Aquilo que percebemos, a maneira como vemos as coisas, é, em grande parte, para nossa própria conveniência. Objetos distantes não são menores, e objetos sólidos não são de fato sólidos.

Tudo é energia. A diferença entre uma cor e um som, entre um raio cósmico e uma imagem de televisão, é a frequência, ou o que a energia faz e com que velocidade. A matéria também é energia, como aprendemos com $E = m.c^2$. É energia fazendo outra coisa, em outro estado. Uma coisa interessante sobre energia (em um mundo cheio de opostos: cima e baixo, preto e branco, rápido e lento) é que não há oposto para ela. Isso acontece porque não há nada que não seja energia, incluindo você, eu e tudo o que pensamos. Pensar consome e cria energia, ou, para ser mais preciso, converte energia.

Agora você entende por que não vejo muita diferença entre um pensamento e um objeto.

Os pensamentos podem influenciar os objetos? Claro: a energia pode.

Os pensamentos podem influenciar os eventos? Claro: a energia pode.

Tempo é energia? Tenho apenas especulações preliminares a respeito disso, porque o tempo se apresenta de inúmeras formas diferentes para nós. Podemos até achar que o entendemos com clareza ao olhá-lo de determinada forma, mas, se mudamos a nossa visão, ele parecerá totalmente diferente.

Para amarrar o cadarço ou atravessar uma rua, é melhor pensar no tempo como uma linha reta que vai do passado ao futuro, passando pelo presente. Devemos pensar dessa maneira para enfrentar o trabalho diário, assim como ainda enxergamos, para a nossa própria conveniência, o sol nascendo e se pondo, como se nunca tivesse ficado comprovado que a velha astronomia de Copérnico estivesse errada. Com base nessa perspectiva, podemos lembrar o passado, vivenciar o presente e, se quisermos, olhar com incerteza para o futuro.

Não é assim que acontece se adotamos outra perspectiva. Em Alfa e Teta, podemos olhar tanto para o futuro quanto para o passado. Os eventos futuros lançam suas sombras antes, e podemos aprender a enxergá-las. Essa habilidade ficou conhecida como "premonição", uma palavra hoje muito respeitada. Era muito menos respeitada quando eu ganhei na loteria mexicana.

Se em Alfa e Teta o futuro pode ser visto aqui e agora, ele deve enviar algum tipo de energia com a qual podemos nos sintonizar. Para que o tempo envie algum tipo de energia para qualquer lugar, ele mesmo deve ser uma espécie de energia.

Há muitos anos, quando eu estava fazendo experimentos com hipnose, descobri algo bastante estranho sobre a forma como percebemos o tempo. Quando fiz dois dos meus filhos regredirem em idade, fazendo-os voltar no tempo, se a mudança de cenário do presente para o passado começasse de um jeito muito abrupto, eles eram jogados para a direita, assim como quando estamos em um ônibus e ele para abruptamente, jogando-nos para a frente.

Meus filhos sentiram que, ao voltar no tempo, estavam viajando para a direita. Quando eu os trouxe de volta ao presente e os fiz parar, aconteceu o inverso; eles se inclinavam para a esquerda. Muitos dos meus primeiros experimentos com diferentes sujeitos confirmaram isso.

Mais tarde, quando troquei a hipnose pela meditação controlada, quis aprender como, subjetivamente, era possível voltar e avançar no tempo. Voltei-me para o leste, porque as disciplinas orientais explicam que se deve olhar para aquela direção, e o leste me parecia uma tão boa quanto qualquer outra. Então, perguntei-me se eu seria capaz de me mover mais livremente pelo tempo se, seguindo a sugestão dos experimentos de hipnose, colocasse o futuro à minha esquerda e o passado à minha direita.

Neste planeta, o Sol traz o novo dia a partir do leste e o leva para o oeste. Se eu me voltasse para o sul durante a meditação, o leste estaria à minha esquerda e o oeste à minha direita e, portanto, estaria orientado para o fluxo planetário do tempo.

Se eu de fato descobri a direção em que o tempo flui na Terra, não sei. Só sei que, certa vez, ao começar a olhar para o sul, eu me senti mais bem orientado no tempo e pude me mover nele com mais facilidade.

―――

Agora, vamos tratar de uma questão maior. Mencionei a Inteligência Superior várias vezes nos capítulos anteriores. Seria isso uma forma descompromissada de minha parte para me referir a Deus? Não posso provar o que estou prestes a dizer, falo apenas com base na minha fé. A minha resposta é não. Inteligência Superior não significa Deus. Eu escrevo essas palavras em maiúsculas porque as respeito muito, mas, para mim, não é a mesma coisa que Deus.

O universo parece fazer o seu trabalho com notável eficiência, sem desperdício algum. Quando coloco um pé na frente do outro, não posso acreditar que Deus se preocupe em não me deixar tropeçar. Aliás, nem a Inteligência Superior. Quem tem de fazer isso sou eu. A obra de Deus foi me programar geneticamente para aprender a andar. Depois de aprender, eu que devo cuidar dos meus passos.

No entanto, algumas etapas da vida não são rotineiras e, para tomar algumas decisões, posso precisar de informações de que os cinco sentidos não dispõem. Para isso, recorro à Inteligência Superior. Às vezes, preciso de um aconselhamento mais geral de extrema importância. Para isso, recorro a Deus. Eu rezo.

Vejo os diversos níveis de inteligência como um *continuum*, uma sequência que vai da matéria inanimada ao reino vegetal, depois ao reino animal, chega ao humano, à Inteligência Superior e, por fim, a Deus. Acredito ter encontrado maneiras científicas de me comunicar com cada um desses níveis, desde o inanimado até a Inteligência Superior. Realizei experimentos sob condições controladas e os comprovei por meio da repetição, sendo que qualquer pessoa que seguir as instruções deste livro ou fizer o curso de Controle Mental poderá reproduzi-los. É isso que quero dizer com "científico". Qualquer coisa além disso não passa de especulação e fé.

Mais uma das minhas especulações é que, na perspectiva da nossa longa história, nós, humanos, acabamos de concluir uma etapa evolutiva: o desenvolvimento do nosso cérebro. Essa etapa já está superada, não teremos mais células cerebrais além das que já temos. A próxima etapa já está acontecendo: o desenvolvimento da mente. Em breve, o que agora consideramos habilidades psíquicas especiais será comum para todos nós, como acontece com os graduados do curso de Controle Mental e com os leitores que seguem todos os passos que descrevi neste livro.

Com base nessas especulações, você pode ver que tenho uma certa visão do mundo e do que significam verdade e realidade. Agora, você pode se perguntar: "Os alunos saem do curso de Controle Mental com pontos de vista semelhantes a esses?". Não, longe disso. Vou dar um exemplo.

Entre os alunos que praticam mais ativamente as lições de Controle Mental, vários acabam se tornando vegetarianos. Por um lado, Harry McKnight, que trabalha junto comigo, tornou-se vegetariano há pouco tempo. Eu, por outro lado, aprecio uma boa carne.

16

Checklist

Quando tiver dominado todas as técnicas que eu descrevi, tal como acontece com a maioria dos graduados do curso de Controle Mental, você pode usar algumas que funcionam melhor para você e deixar as outras de lado. Você pode pegar o jeito de novo e voltar a ter bons resultados rapidamente, se fizer uma breve revisão das técnicas que pode ter deixado escapar.

Para poupar tempo, aqui está uma lista de todas as técnicas descritas nos Capítulos 3 a 14:

1. Como aprender a meditar pela manhã;
2. Como sair do estado meditativo;
3. Como meditar a qualquer hora do dia;
4. O primeiro passo na visualização: sua tela mental;
5. O primeiro passo na Meditação Dinâmica;
6. Como resolver problemas usando a meditação;
7. Como usar a Técnica dos Três Dedos para ativar a memória imediatamente;
8. Passos para um aprendizado rápido;

9. Como se lembrar dos seus sonhos;
10. Como sonhar com soluções para os seus problemas;
11. Como se livrar de hábitos indesejados;
    - Comer demais;
    - Fumar.
12. Como operar psiquicamente;
13. Como fazer cura psíquica;
14. Como se curar;
15. Como melhorar o seu casamento.

17

Um psiquiatra que trabalha com Controle Mental

Nos últimos capítulos, José explicou o Controle Mental e deu instruções detalhadas sobre como você pode colocá-lo em prática. Você pode ver que há níveis muito profundos de consciência envolvidos no Controle Mental e pode se perguntar, como muitas outras pessoas fazem, se é perigoso explorar, talvez pela primeira vez, as poderosas profundezas da sua própria mente.

José e pessoas próximas que o ajudam a administrar a organização do Controle Mental dizem que, até agora, as experiências mostram que os benefícios do treinamento não são neutralizados por possíveis "efeitos colaterais indesejáveis", para usar uma terminologia médica. Dito de outra forma, ninguém sai pior do que entra do curso, até onde José e seus colegas saibam.

Um ex-aluno do curso de Controle Mental, profissional da saúde, fez uma prova de fogo com a segurança do método do Controle Mental. O Dr. Clancy D. McKenzie é um famoso psiquiatra e psicanalista da Filadélfia, diretor do Departamento de Psiquiatria da Filadélfia, membro da equipe do Centro Psiquiátrico da Filadélfia e atende em seu consultório particular. Ele estuda ioga há muito tempo, além de outras disciplinas, como meditação, biofeedback e parapsicologia.

Para seguir seus estudos nessas áreas, ele se matriculou no curso de Controle Mental em 1970. "Eu queria ver se o curso realmente ensinava a desenvolver clarividência, como relatado por vários dos meus pacientes que se beneficiaram do curso. Fiquei convencido de que havia algo de paranormal ali e, desde então, dediquei bastante tempo e esforço para pesquisar o assunto mais a fundo."

Duas outras coisas despertaram seu interesse pelo curso de Controle Mental: um comentário de Sigmund Freud, feito ao final de sua carreira, e algo que aconteceu em uma aula de Controle Mental.

Freud dissera que o caminho mais promissor para a psicoterapia no futuro será a mobilização das energias do paciente. O Dr. McKenzie viu com clareza as pessoas na aula de Controle Mental usando energias que nunca souberam que tinham.

Mas ele viu algo que lhe chamou ainda mais atenção naquela aula: "Três pessoas estavam emocionalmente perturbadas, e havia uma outra cuja estabilidade emocional era questionável. Qual era o motivo? O curso despertou doenças emocionais ou elas já estavam doentes quando chegaram? Será que os meus pacientes, também acometidos de perturbações emocionais e que se beneficiaram do curso, foram apenas sortudos?".

Ele pensou que a maneira mais prática de encontrar a resposta seria testar as pessoas antes e depois do curso. No teste, ele observaria de perto aqueles indivíduos psicologicamente vulneráveis. Ele e um colega, Dr. Lance S. Wright, professor de psiquiatria na Universidade da Pensilvânia, lançaram um estudo. Durante os quatro anos e meio seguintes, 189 pacientes psiquiátricos se ofereceram para passar pelo treinamento de Controle Mental. Para tornar o teste ainda mais rigoroso, eles realizaram um estudo ainda mais detalhado com os membros do grupo que sofriam de psicose, psicose limítrofe ou que haviam se recuperado de uma psicose. Havia 75 pacientes nessas situações.

Com base nas observações sobre o efeito benéfico do curso em pessoas saudáveis, os resultados desses testes não surpreenderam o Dr. McKenzie e o Dr. Wright. Houve melhora consistente na saúde mental dos pacientes psiquiátricos.

Para quem se interessa pelo raciocínio rigoroso e pelos controles rígidos que embasam os estudos científicos, seguem alguns detalhes. Dos 75 pacientes do grupo com perturbações emocionais, 66 vieram do consultório do Dr. McKenzie. Eles representavam 100% dos seus pacientes psicóticos e limítrofes dispostos a fazer o curso.

No início do estudo, os pacientes foram enviados para o curso com cautela, um de cada vez, para que pudessem ser monitorados de perto quanto a quaisquer efeitos nocivos, em si mesmos ou na turma. Além disso, eles fizeram o curso durante o período que o Dr. McKenzie descreveu como "mais estável". Mais tarde, ele descobriu que os pacientes poderiam fazer o curso inclusive durante os períodos menos estáveis. Quatro deles chegaram enquanto estavam, de fato, alucinando. Mais tarde, ele se sentiu à vontade para enviar ao curso vários pacientes perturbados de uma só vez, às vezes seis ou até mais.

Como parte do seu estudo, ele testou 58 desses pacientes antes e depois do curso para ver quais seriam as mudanças observadas. O teste, chamado de Inventário do Mundo Experimental, consistia em 400 perguntas que visavam medir a percepção dos pacientes sobre a realidade – algo como o famoso teste das manchas de tinta de Rorschach, mas na forma escrita. A diferença entre as pontuações antes e depois do curso foi impressionante: 36 pacientes mostraram melhora drástica na percepção da realidade, 21 permaneceram praticamente iguais e um apresentou uma queda.

A pessoa cuja pontuação caiu foi um esquizofrênico catatônico de 29 anos que, pela primeira vez na vida, parou de tomar remédios e começou a namorar. O Dr. McKenzie observou que "clinicamente, ele tinha mais energia emocional e uma perspectiva mais positiva após o curso. No entanto, o namoro gerou um conflito e ele ficou perturbado duas semanas após o curso. Ele não precisou de internação".

É claro que todos esses pacientes estavam sendo tratados com psicoterapia, muitos deles por até mais de um ano, o que garantiu ao Dr. McKenzie uma excelente oportunidade de ver quais mudanças clínicas reais aconteceram após o curso. Aqui estão algumas de suas descobertas:

Na juventude, um paciente esquizofrênico de trinta anos de idade achava que havia recebido ordens telepáticas para matar alguém. Felizmente, ele nunca conseguiu encontrar a pessoa certa. Durante as sessões de terapia após o curso, ele conseguiu discutir sobre o seu "transtorno delirante" pela primeira vez. Sua energia emocional se elevou muito e ele passou a ter uma visão mais positiva sobre a vida. Mais tarde, ele voltou a estudar e terminou um doutorado. "Esse seu sucesso teve relação direta com o fato de ter feito o curso", explica o Dr. McKenzie.

De 28 pacientes que sofriam de vários tipos de depressão (involutiva, psicótica, esquizoafetiva e maníaco-depressiva), 26 se sentiram melhor após o curso. Os outros dois, que relataram sentir-se mais deprimidos, não apenas pontuaram melhor no questionário, mas também, como os outros, conseguiram resolver os problemas que os incomodavam antes.

Uma mulher de 21 anos, no estágio inicial de uma psicose aguda, estava determinada a cometer suicídio. Ela afirmou ao Dr. McKenzie que nada que ele fizesse poderia ajudá-la, pois ela cometeria suicídio de qualquer maneira. Ele recomendou que ela fizesse o curso. Ao final de uma semana, ele afirmou ter ficado "absolutamente maravilhado, pois ela reagiu melhor do que todos os outros pacientes. Foi uma das remissões mais intensas que já vi".

Ela ficou mais calma, mais racional, e seus pensamentos não vagavam mais aleatoriamente. Outro fator de mesma importância é que a maior parte do seu pessimismo foi eliminado. Em um relatório clínico, o Dr. McKenzie e o Dr. Wright apontaram: "Nem a hospitalização nem as altas doses de medicamentos poderiam tê-la acalmado da mesma forma. Ela repetiu o curso duas semanas depois e houve nova melhora. As mudanças foram impressionantes. Ela apresentou evoluções na terapia nos seis meses seguintes". Um ano depois, o Dr. McKenzie a encontrou totalmente recuperada da doença aguda.

As psicoses, é claro, são transtornos mentais graves. As neuroses são muito menos graves. Dos 189 pacientes que fizeram o curso de Controle Mental, 114 sofriam apenas de neurose. Todos eles também se beneficiaram do curso.

Resumindo as descobertas clínicas em um artigo, os médicos escreveram:

> Os pacientes que continuaram a praticar o Controle Mental após o curso conseguiram mudar de vida por meio dele, e mesmo os pacientes que não seguiram praticando puderam usá-lo em momentos de crise, quando tiveram de lidar com situações de estresse ou tomar decisões importantes. Todos tiveram uma sensação de expansão da mente e a revelação de que poderiam usá-la de outras formas. O entusiasmo do grupo aumentou ao final do curso, e a maioria das pessoas sentiu que a energia emocional havia se elevado.
>
> O grupo com perturbações também demonstrou mudança clínica impressionante. Apenas o paciente mencionado (o jovem de 29 anos que começara a namorar) ficou mais triste, e os outros obtiveram ao menos algum benefício do treinamento. Muitos pacientes com afeto plano (que não manifestam reações emocionais) demonstraram entusiasmo com alguma coisa pela primeira vez. Após o curso, pareceu haver mudança na energia emocional

e melhora nas respostas afetivas. Eles passaram a ter uma visão mais positiva sobre o futuro e alguns passaram a compreender melhor seus próprios processos psicóticos. Os pacientes delirantes ficaram claramente menos delirantes após o treinamento.

Observaram-se maior tranquilidade e diminuição da ansiedade. Os pacientes aprenderam a usar seus próprios recursos para entender, enfrentar e resolver problemas e, ao conseguir fazer isso, ganharam mais confiança.

Apenas um dos 189 pacientes não se beneficiou do curso, o que levou o Dr. McKenzie a concluir que, "por ser mais do que seguro e benéfico, o curso pode ser extremamente útil como apoio à psicoterapia". Hoje em dia, quase todos os seus pacientes fazem o curso. Alguns deles reduzem a duração da terapia em até dois anos usando as técnicas de Controle Mental.

Ele diz que uma dessas técnicas, a de Controle dos Sonhos, "pode se revelar um grande avanço para a psiquiatria. É uma maneira rápida e confiável de entender e resolver problemas".

Terapeuta freudiano de formação, o Dr. McKenzie não vê conflito entre a maneira como os freudianos interpretam os sonhos espontâneos e a maneira como os graduados do Controle Mental interpretam seus sonhos programados. "O desejo do sonho freudiano se torna o desejo de obter uma resposta", explica ele. No entanto, ele adverte: "É necessário garantir que o desejo inconsciente do sonho não se sobreponha ao desejo consciente de ter a resposta".

Uma paciente que o Dr. McKenzie vinha tratando há algum tempo ligou para contar que estava prestes a ser internada por causa de dores no peito e no estômago. Ele lhe pediu que viesse ao hospital psiquiátrico. A ligação não fora uma surpresa. Há algum tempo, ele já imaginava que aquilo poderia acontecer. A condição mental dela estava piorando.

No hospital psiquiátrico, o Dr. McKenzie disse para ela programar um sonho que respondesse a quatro perguntas: qual é o problema? Onde ele está? O que o causou? Como posso me livrar dele?

O sonho dela foi o seguinte: ela, o marido e os três filhos estavam dirigindo por uma estrada sinuosa. Começou a nevar e o carro deslizou, saindo da estrada. Logo, o carro ficou coberto de neve. Seu marido disse-lhe para desligar o motor. Vieram, então, oito ou dez pessoas da cidade para tirá-los debaixo da neve. Quando eles saíram do carro, os três filhos haviam sumido.

Logo à frente, a estrada chegava em um beco sem saída. Outra estrada fazia uma curva à direita, dando em ainda outra estrada que, por sua vez, fazia outra curva à direita para entrar em outra estrada, que era uma rodovia, também virando à direita.

Ao ouvi-la relatar o sonho, o Dr. McKenzie suspeitou que ela estava descrevendo um intestino e pediu que ela desenhasse um mapa da "estrada sinuosa". Ela desenhou o mapa e, sem deixar dúvidas, a estrada seguia com precisão o padrão de um trato intestinal humano, tudo na proporção correta. Além disso, em um exame médico posterior, foi encontrada uma obstrução na região que correspondia exatamente ao local onde seu carro havia deslizado para fora da estrada, ou seja, onde o intestino delgado se encontra com o intestino grosso. Em outras palavras, o sonho dessa mulher (e ela não tinha conhecimentos sobre anatomia, pois havia parado de estudar durante o Ensino Médio) localizou com precisão a obstrução em um segmento de dois centímetros de um trato intestinal humano de seis metros!

Além disso: a neve, de acordo com o simbolismo do sonho, era um produto lácteo que lhe causava desarranjos intestinais e, de alguma forma, fazia aumentar a obstrução.

O conselho do seu marido para desligar o motor foi, novamente, de forma simbólica, o melhor conselho que ela poderia receber: significava "interromper o suprimento de combustível para o corpo. Ou seja: parar de comer".

As oito ou dez pessoas que os tiraram debaixo da neve são, na linguagem dos sonhos, os dedos das suas mãos, que pode representar a cura pela "imposição das mãos" ou cirurgia. O súbito desaparecimento dos filhos foi a realização de um desejo. Ela queria que eles ficassem fora do caminho para ela conseguir a atenção do marido para si.

O Dr. McKenzie a transferiu para um hospital porque, normalmente, uma obstrução intestinal como a dela requer cirurgia imediata. No entanto, munida da compreensão do sonho e do conhecimento adquirido na aula de Controle Mental acerca do poder da mente sobre o corpo, combinados com a expectativa da cirurgia, ela começou a liberar a obstrução. Uma hora depois que o diagnóstico do Dr. McKenzie, baseado no sonho da paciente, foi clinicamente comprovado no hospital, ela se livrou da obstrução e não foi necessário realizar a cirurgia. O cirurgião ficou surpreso.

Mais tarde, o Dr. McKenzie soube que aquela mulher havia passado por quatro cirurgias de desobstrução intestinal nos últimos vinte anos, e os cirurgiões sempre lhe diziam que a obstrução era no mesmo lugar. Parecia que ela havia aprendido a causar aquela doença a si mesma sempre que havia uma necessidade psicológica.

Depois, a filha daquela mulher, então uma garota de dezoito anos, procurou-o para relatar um problema: ela estava grávida e solteira. "O que é que eu vou fazer?", ela perguntou. Mais uma vez, ele a aconselhou a usar o Controle de Sonhos para encontrar a resposta. Em seu sonho, um homem apareceu. Ele disse: "Tenha o bebê, espere três anos, case-se com o homem e depois vá embora do estado".

"Nenhum conselho que eu lhe desse seria melhor", disse 80% o Dr. McKenzie. "A taxa de divórcio entre os adolescentes é de oitenta por cento, então era lógica a decisão de esperar três anos para sair de casa. O homem era a pessoa certa para ela, mas, para que o casamento funcionasse, era melhor que eles morassem longe da casa dos pais."

Em outro caso, o Controle de Sonhos deu origem a uma técnica terapêutica totalmente nova, que poupou a paciente de anos de terapia. O seu problema era que, sempre que o marido se atrasava mais de dez minutos para o jantar, ela cortava os pulsos. Durante meses, o Dr. McKenzie tentou explicar que, embora ela *pensasse* que aquilo era uma reação ao atraso do marido, na verdade ela estava revivendo um sentimento antigo, que vinha da infância, quando o seu pai alcoólatra não voltava para casa. Assim que ela entendesse isso, pararia de cortar os pulsos, mas o Dr. McKenzie não estava obtendo bons resultados. Do jeito que as coisas iam, a mulher teria de encarar mais dois anos de terapia, duas vezes por semana. O Dr. McKenzie sugeriu que ela programasse um sonho.

Seu sonho se mostrou incrivelmente inventivo, resolvendo o problema da noite para o dia.

Ela sonhou que o Dr. McKenzie gravou algumas frases que lhe chateavam. Ela reproduziu a gravação em casa, registrando as suas reações. Então, ela tocou a gravação com as suas reações para o Dr. McKenzie interpretar. A cada uma das frases que ouvia, ela exclamava: "Poxa, como eu sou burra!". Seu entendimento apontava que ela estava confundindo duas realidades diferentes: o passado e o presente. Seu sonho a fez entender isso pela primeira vez. Ela nunca mais cortou os pulsos.

"O sonho programado curou a paciente completamente. Os três anos de acompanhamento que se seguiram confirmaram que ela permaneceu bem", relatou o Dr. McKenzie.

Outro paciente sofria de claustrofobia e lutou por mais de um ano para descobrir a causa. A descoberta foi interessante. Em um sonho programado, ele e três outras pessoas estavam dentro de um retângulo formado por uma corda no chão. Fora do retângulo, em um canto, havia um retângulo menor, também formado por uma corda. Todos tentavam sair do retângulo maior por meio do menor.

O significado desse sonho fica claro quando você enxerga o retângulo maior como o útero e o menor como o colo do útero. Do lado de fora, havia um pasto verde com vacas, representando os seios.

Uma das pessoas que estavam com o paciente correu em direção ao retângulo menor, mas foi detido por uma barreira invisível (a parede uterina). Havia várias latas presas a ele, perto da fivela do seu cinto (cordão umbilical).

O paciente sabia que, de alguma forma, teria de sair dali, mas decidiu deixar os outros saírem primeiro. Isso lhe causou certo nervosismo, como quando ele precisava falar em público: era algo que ele sabia que precisava fazer, mas que lhe causava estresse e ansiedade (trauma de nascimento). No entanto, depois de passado o momento, a sensação era de alívio.

As outras três pessoas dentro do retângulo eram seus irmãos e sua irmã.

Esse sonho lhe deu o *insight* de que ele precisava para entender a claustrofobia.

O que torna o sonho muito interessante não é que ele não retrata a pessoa antes do nascimento (o que é bastante comum), mas sim que faz referência a uma "barreira invisível". O Dr. Mckenzie se questionou se aquilo poderia sugerir a possibilidade de clarividência antes do nascimento.

O Dr. McKenzie não apenas aconselha os seus pacientes a usarem o Controle Mental, como também usa o método para ajudá-los. "Alguns de meus momentos mais brilhantes me ocorrem quando estou usando o Controle de Sonhos."

Certa noite, ele programou um sonho sobre um paciente em psicanálise, um homem de 27 anos que não namorava havia dois anos. As mulheres não gostavam dele, "além disso, elas não prestavam". Em seu sonho, o Dr. McKenzie se ouviu dizer: "Tudo bem se você nunca tiver um relacionamento heterossexual". Da próxima vez que o paciente reclamou das mulheres, foi exatamente isso que o Dr. McKenzie lhe disse.

Deu certo. O paciente ficou chocado. Evitar as mulheres era a sua forma de resistir ao tratamento, mas aquilo não funcionaria mais. Além disso, ele entrou em pânico quando pensou que nunca teria um relacionamento saudável com uma mulher.

Naquela noite, ele conseguiu.

O Dr. McKenzie, que se tornou consultor do Método Silva de Controle Mental, segue procurando novas formas de usar o Controle Mental para melhorar e acelerar o tratamento psiquiátrico de seus pacientes. Ao mesmo tempo, ele procura maneiras de usar o Controle Mental em diversas outras áreas da prática médica, como no diagnóstico de doenças.

O primeiro passo nessa busca é encontrar maneiras de medir a confiabilidade da técnica de casos do Controle Mental. Após três anos de pesquisa, ele acredita estar chegando perto do que chama de "projeto de pesquisa definitivo", que eliminaria todas as variáveis e avaliaria apenas aquilo que se propõe a avaliar. Seu objetivo é encontrar formas de usar clinicamente o trabalho com casos.

Às vezes, o diagnóstico clínico requer uma cirurgia invasiva ou medicamentos que podem causar desconforto ou riscos ao paciente e, além disso, nenhuma técnica diagnóstica é absolutamente precisa. O diagnóstico psíquico não representa perigo nenhum para o paciente, desde que se possa demonstrar a sua confiabilidade. É nisso que o Dr. McKenzie está trabalhando.

A primeira vez que ele testou seu novo projeto de pesquisa foi em uma turma do curso de Controle Mental com trinta pessoas. A precisão dos resultados foi maior do que o acaso poderia produzir em uma proporção de duzentos para um. Ele se sentiu animado a continuar, mas queria refinar ainda mais os métodos e automatizar as pontuações.

Ele relatou o projeto ao Departamento de Estatística da Universidade da Pensilvânia, e eles concordaram que ele de fato havia eliminado as variáveis que deturpam a pesquisa nesse campo e que as suas medições seriam precisas.

No boletim informativo do curso do Controle Mental, foram publicados desenhos de dois corpos humanos (veja abaixo e ao lado) com círculos para os leitores marcarem. Eles receberam, como acontece no trabalho de caso, nome, idade, sexo e localização de duas pessoas que estavam doentes. O que eles não sabiam, e que nem o próprio Dr. McKenzie sabia, era a natureza das doenças. O médico da Flórida que lhe passou os casos revelaria essa informação somente depois que os resultados estivessem prontos.

Importante: o objetivo desse experimento é detectar com precisão a localização do problema ou da doença. *Limite-se a **detectar**, para não afetar a doença durante o experimento.*

Caso A

Instruções:

1. Debbie Veccio tem 23 anos e mora em Miami, Flórida. Ela tem um problema de saúde e você pode ajudá-la. Entre no seu nível de Controle Mental e imagine Debbie, desejando localizar a doença dela. Quando você achar que localizou a doença, preencha apenas UM círculo na Imagem A, mais próximo de onde você acredita ou descobriu que a doença está.

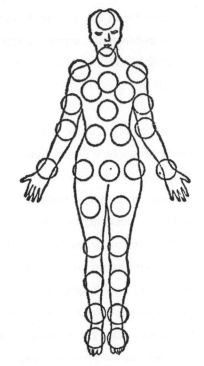

IMPORTANTE: se você desenhar mais de um círculo por diagrama, a sua resposta será desqualificada.

Aguarde pelo menos dez minutos antes de passar para o caso B.

Caso B

2. Cynthia Cohen tem 21 anos e vive em Miami, Flórida. Ela tem um problema de saúde e você pode ajudá-la. Entre no seu nível de Controle Mental e imagine Cynthia, desejando localizar a doença dela. Quando você achar que localizou a doença, preencha apenas UM círculo na Imagem B, mais próximo de onde você acredita ou descobriu que a doença está. Dado que a natureza deste experimento envolve apenas a detecção, não tente curá-la até que...

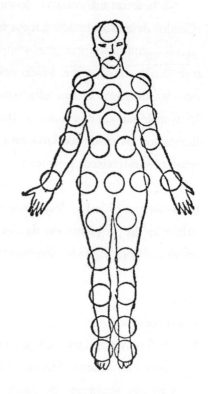

Trabalhar em dois casos é fundamental para o novo projeto de pesquisa. Isso permite que o Dr. McKenzie elimine todas as suposições. Por exemplo, se apenas a paciente A tiver uma lesão no tornozelo esquerdo, um círculo marcado no tornozelo esquerdo da paciente B seria uma suposição. Se cinco leitores marcassem o tornozelo esquerdo de B, é razoável assumir que o mesmo número de leitores chutaria que o problema está com a paciente A. Agora suponha que cinquenta leitores marquem o tornozelo esquerdo da paciente A. O Dr. McKenzie subtrairia cinco marcações, tratando-as como meras suposições, e concluiria que 45 leitores estavam operando psiquicamente. Um computador, então, mediria a significância estatística dos resultados.

Para que dê certo, os dois casos devem ser diferentes. Se ambas as pacientes tivessem machucado os tornozelos esquerdos, não seria possível usar o método de eliminar respostas não psíquicas.

O médico da Flórida se enganou e passou dois casos que apresentavam lesões na mesma área do corpo. O Dr. McKenzie teve de mudar de planos e analisar os resultados de outra maneira. Em vez de comparar o caso A com o caso B, ele comparou o número de respostas corretas com o segundo maior número de respostas. Embora o computador dissesse que os resultados poderiam ser fruto do acaso apenas uma a cada quase um bilhão de vezes, ele ainda não considerava seu experimento conclusivo, por não ter conseguido seguir seu projeto de pesquisa.

Seu projeto era muito mais detalhado do que conseguimos descrever aqui, e ele conduziu diversos outros experimentos que produziram o que ele chamou de "resultados estatisticamente significativos". Todo o seu projeto foi tão significativo que decerto voltaremos a ouvir sobre ele quando ele aperfeiçoar ainda mais a sua técnica. Em vez de apenas pedir para que os leitores marcassem um círculo para indicar a localização da doença, ele dará aos graduados do Controle Mental listas de doenças para verificação, fornecendo assim um diagnóstico específico.

"Esses estudos preliminares", disse ele, "apontam para altos níveis de significância estatística. Porém, ainda não estou pronto para tirar conclusões. É necessário um trabalho muito mais meticuloso. Se os estudos posteriores forem tão animadores quanto esse, poderemos encontrar uma maneira de colocar os médiuns para trabalhar, ajudando os médicos a fazerem diagnósticos de maneiras ainda mais confiáveis do que as que estão sendo utilizadas agora. Isso pode ser uma revolução na medicina. É muito cedo para ter certeza, mas é para isso que estou trabalhando."

O diretor de pesquisa do Controle Mental, J. Wilfred Hahn, bioquímico e ex-presidente da Fundação Controle Mental, é tão esperançoso quanto o Dr. McKenzie. "Desde o século 19, quando o método científico começou a ser utilizado na pesquisa psíquica, variáveis não controladas (às vezes desconhecidas) deixavam dúvidas sobre as descobertas. Ainda não se sabe se o Dr. McKenzie conseguirá fazer essa revolução médica, como ele diz. Mas acredito que ele já conseguiu um avanço no método de pesquisa. De todos os dados coletados, ele consegue reunir as respostas puramente psíquicas, eliminando assim todo o lixo e deixando apenas o que deseja estudar, como um químico faz, quando elimina toda a água e elementos indesejados para estudar um único elemento químico."

18

A sua autoestima nas alturas

"Perdemos muito do nosso tempo nos colocando para baixo. Se gastássemos metade desse tempo buscando em nossa mente uma forma de lidar com a vida, descobriríamos que somos muito mais fortes do que pensamos", disse a cantora e atriz Carol Lawrence no *Chicago Tribune* de 14 de novembro de 1975. Ela se formou no curso de Controle Mental por recomendação de outra ex-aluna, a cantora Marguerite Piazza.

É bem verdade que muitos de nós estamos aprisionados por ideias estreitas sobre quem somos e o que podemos fazer. Você logo sentirá a alegria de romper esses limites e encontrar novas liberdades além deles. Quando você vislumbrar do que é capaz, sua autoestima aumentará. Já foram realizados diversos estudos sobre isso, cujos resultados estão disponíveis. Tais estudos abrangem grandes grupos de indivíduos sem problemas especiais (estudantes), além de outros cuja autoestima está obviamente em um estado lamentável (alcoólatras, viciados em drogas, presidiários e pessoas em situação de vulnerabilidade).

Vamos primeiro analisar os estudantes. O Controle Mental foi ministrado, na maioria das vezes, como uma disciplina com carga horária cheia, em 24 faculdades e universidades, dezesseis escolas secundárias e oito escolas primárias.

É de se esperar que o curso, ensinado da mesma maneira em diferentes escolas, para alunos de diferentes idades e diferentes contextos culturais e econômicos, alcance resultados diferentes. Mas não: os resultados foram tão uniformes, que se pode afirmar com segurança que, em seus aspectos básicos, são previsíveis. Ao introduzir o Controle Mental em uma escola, o resultado será alunos com maior autodirecionamento, decorrente de maior capacidade de resolver problemas por conta própria. Em outras palavras, maior força do ego. Esse resultado foi mensurado cientificamente pelo Dr. George De Sau, ex-diretor de Pesquisa Educacional do Método Silva de Controle Mental e antigo diretor de Orientação Pedagógica e Testes da faculdade comunitária de Williamsport, na Pensilvânia.

O primeiro teste, em 1972, aconteceu na Hallahan High School, na Filadélfia, com dois mil alunos que fizeram o curso de Controle Mental. Uma semana antes e duas semanas depois, 220 alunos selecionados aleatoriamente responderam ao Questionário de Personalidade do Ensino Médio*, que consiste em cerca de 140 perguntas que medem, com sensibilidade, como o jovem se vê. A autoimagem geral pode, então, ser traçada como uma espécie de retrato com catorze características – aventureiro, vigoroso, autoconfiante e assim por diante. O teste é amplamente utilizado para fins de pesquisa e aconselhamento.

Os retratos de autoimagem desses 220 alunos foram combinados em um único perfil de grupo e comparados antes e depois do curso. Resultados: grandes mudanças em relação a força pessoal, autoconfiança e serenidade, e menos ocorrência de impaciência, insegurança e distanciamento. Em alguns aspectos, os alunos permaneceram inalterados, em um equilíbrio entre domínio e submissão, ternura e obstinação. O

---

* Publicado pelo Institute for Personality and Ability Testing.

que isso tudo demonstrou foi que esses alunos passaram a ter maior respeito por si mesmos depois do curso de Controle Mental.

Naturalmente, como a situação de vida é dinâmica, a visão que temos de nós mesmos muda dia a dia. Se aplicarmos o teste a um grupo selecionado de forma aleatória e o repetirmos três semanas depois, encontraremos algumas mudanças. Isso também foi considerado pelos desenvolvedores do teste. As mudanças aleatórias que ocorreriam ao acaso são esperadas e essa taxa foi calculada. Para avaliar os resultados na escola Hallahan, foi necessário determinar em que medida as mudanças relatadas excediam aquelas que poderiam ser mero fruto do acaso. Eis aqui as descobertas:

Para que o acaso produzisse mudanças positivas na força do ego tão grandes quanto as provocadas pelo curso de Controle da Mente, o teste teria de ser aplicado mais de mil vezes a um grupo selecionado aleatoriamente, mais de mil vezes para se equivaler à mudança na autoconfiança, mais de mil vezes para se equivaler à mudança em termos de serenidade. O que fez a diferença não foi o acaso: foi o Controle Mental.

Durante o curso, um repórter do *Philadelphia Daily News*, Joe Clark, entrevistou alguns alunos durante o intervalo para o almoço. Em um artigo publicado em 27 de setembro de 1972, ele citou Kathy Brady, de treze anos, que roía as unhas desde os oito: "Eu sempre roía minhas unhas quando ficava nervosa. Quando eu estava no curso hoje de manhã, senti vontade de roer, mas não roí. Apenas pensei comigo mesma: 'Não roa as unhas'. Fechei os olhos e relaxei".

Pat Eisenlohr contou que havia desistido de uma briga com o irmão mais novo, algo que quase nunca acontecera antes. "Eu disse a mim mesma: 'Não adianta ficar brava. De que adianta brigar?'. Então não briguei. Também consegui me livrar de uma dor de cabeça nesta manhã, dizendo a mim mesma para a dor ir embora. Eu sei que parece estranho, mas funciona."

Agora, vamos comparar os resultados desta escola com dois outros estudos, um realizado em Lawrenceville, uma escola secundária católica em Pittsburgh, e o outro em St. Fidelis, uma escola católica para rapazes que pretendem seguir o sacerdócio.

Em Lawrenceville e St. Fidelis, assim como em Hallahan, a maior mudança entre os alunos foi na força do ego. Além do mais, a mudança foi uniforme. Em todas as escolas, o perfil do grupo melhorou em um nível que, se fosse pelo acaso, aconteceria apenas uma vez a cada mil. O mesmo nível de mudança aconteceu no quesito serenidade, em Hallahan e Lawrenceville, embora com menos evidência em St. Fidelis. Níveis variados de mudança na autoconfiança, embora nitidamente positivos, foram observados nas três escolas.

As descobertas, dentre as quais as relatadas anteriormente fazem parte, não satisfizeram totalmente o Dr. De Sau. Embora ele tenha sido aclamado pelos resultados positivos e tenha ficado satisfeito com o padrão uniforme do Controle Mental, ainda faltava alguma coisa. Testar um grupo antes e duas semanas depois do curso de Controle Mental não comprovaria se os benefícios seriam duradouros. Mas, se testasse quatro meses após o treinamento, sim.

O Dr. De Sau fez o teste após quatro meses em Lawrenceville e St. Fidelis e teve algumas surpresas. Em todas as características mencionadas acima – força do ego, autoconfiança, serenidade –, os alunos de ambas as escolas melhoraram ainda mais durante os quatro meses do que nas duas semanas imediatamente após o curso!

Em um relatório sobre os estudos, o Dr. De Sau concluiu:

> Talvez as mudanças ocorridas com os alunos em seus vários contextos educacionais possam ser mais bem avaliadas segundo a perspectiva do escritor e educador John Holt. Holt acredita que o processo educacional muitas vezes propaga a estupidez, pois contribui para um aumento de ansiedade, culpa e excesso de dependência do ambiente

externo em uma busca de aprovação ou desaprovação, condições essas que podem produzir um comportamento de conformação, neurose e robopatia, sem de fato contribuir para melhorar a educação ou o crescimento humano. Há motivos razoáveis para acreditar que as mesmas condições são válidas em outras instituições sociais.

Ao menos do ponto de vista educacional, os dados da pesquisa acima indicam uma alternativa nova e viável. Um fator de mudança persistente e marcante após o treinamento do Controle Mental é que os alunos passam a adotar pontos de referência internos, o que equivaleria a um reconhecimento do próprio valor e um passo significativo rumo a um maior autocontrole, em oposição a um controle exercido por outros fatores externos.

Na maioria das escolas onde se ensina o Controle Mental, os professores também são incentivados a praticá-lo. Os motivos (com exceção de um) são bastante óbvios, considerando os benefícios do treinamento. Os professores se tornam menos volúveis, mais pacientes, muito mais agradáveis em relação à sua convivência com os alunos em sala de aula.

É sabido que um professor que espera menos dos alunos recebe menos, e aquele que espera mais recebe mais. O professor, treinado em Controle Mental, teve uma experiência pessoal com o que José chama, no Capítulo 14, de "Declaração de Direitos Cósmica", aplicável a toda a humanidade. Nenhum professor que tenha passado por esse treinamento zombaria do "aparato mental" de alguém, pois conhece o vasto alcance da mente humana. O resultado disso é que ele se torna um professor melhor, mesmo que seus alunos nunca tenham ouvido falar de Controle Mental.

No entanto, quando os alunos e o professor são treinados em Controle Mental, coisas incríveis podem acontecer em sala de aula.

Uma professora de uma escola primária em Buffalo ensina seus alunos a se "sintonizarem" com George Washington e outras figuras do passado, para ajudá-los a estudar história, usando técnicas que aprenderam ao final do curso de Controle Mental, quando trabalhavam nos casos. Dessa forma, eles vivenciam a história. E para ajudá-los mais adiante, no momento das provas, eles se sintonizam com ela e encontram uma confirmação para as suas respostas.

Outra professora, de nível universitário, faz com que seus alunos se sintonizem com filósofos para obter explicações sobre questões que consideram obscuras em seus escritos. "Funciona!", ela diz.

A Sra. Joe Lytle, professora de Controle Mental em Virginia Beach, sente um prazer particular em ensinar jovens de sete a dezessete anos. Algumas de suas experiências foram relatadas no *LedgerStar*, jornal de Norfolk, edição de 16 de julho de 1975, sob o título "Alunos se destacam após o curso de Controle Mental". Um de seus alunos estava tomando medicação para hipercinesia. O artigo cita uma frase da mãe do jovem hiperativo: "As mudanças foram absolutamente fantásticas após o curso. Meu filho conseguiu parar de tomar o remédio e suas notas aumentaram significativamente. O Controle Mental ensinou-lhe que ele tinha o poder de mudar".

As notas de outro aluno do ensino médio saltaram de 7 antes do curso para 9 depois dele. Outra aluna estava tendo problemas com ortografia. Depois do curso, ela tirou notas altas em todos os testes de ortografia e, um ano depois, sua capacidade de leitura saltou do nível da quarta para a nona série.

Não havia nenhuma maneira prática de comparar quem fez o curso com os que não fizeram ou de medir a diferença entre os dois grupos depois, porque, nas três escolas secundárias onde o Dr. De Sau conduziu os testes, praticamente todos os alunos se inscreveram no curso de Controle Mental.

Porém, essa possibilidade de verificação surgiu na Universidade de Scranton, Pensilvânia. O Professor Donald L. Angell, do Departamento de Recursos Humanos, ofereceu o curso para estudantes de pós-graduação em Acompanhamento de Reabilitação. Muitos alunos decidiram não fazer o curso, para permitir que ele e o Dr. De Sau observassem as diferenças. Eles aplicaram um teste semelhante ao que fora usado nas escolas de ensino médio, mas agora destinado a adultos, aos 35 alunos que fizeram o curso e a outros 35 que não fizeram.

As diferenças entre os dois grupos se fizeram notar antes mesmo do curso. Aqueles que optaram por fazer o curso ficaram, de acordo com os resultados dos testes, mais abertos a novas experiências e mais voltados para seu eu interior. Os que não fizeram o curso se mostraram mais tradicionais, pragmáticos e regidos por regras.

Um mês após o curso, os dois grupos foram testados de novo e, além das primeiras diferenças observadas permanecerem, outras significativas surgiram: o grupo do Controle Mental estava mais emocionalmente estável e maduro, mais seguro de si, mais relaxado do que o outro.

Em suma, este estudo sugere que aqueles que optam por fazer o curso de Controle Mental são diferentes dos que decidem não fazer e que, uma vez que o finalizam, colhem benefícios.

Embora uma autoestima elevada seja importante para todos, ela pode ser especialmente importante e até salvar vidas no caso de viciados em drogas que lutam para se livrar do vício. Não há vastas experiências de Controle Mental aplicado a viciados em drogas, mas as que existem se mostraram esclarecedoras.

Paul Grivas, codiretor do Centro de Controle Mental de Manhattan, quis testar o que o Controle Mental poderia fazer por viciados. Ele se voluntariou para começar com quatro viciados, dois dependentes em metadona e dois em heroína. Os dois viciados em metadona acharam o curso útil, mas não se livraram da droga. A metadona é altamente viciante e é usada em diversos programas de reabilitação para controlar o vício em heroína. Abandonar a metadona é fisicamente doloroso e, segundo os viciados, as dores são tão intensas que eles não conseguiam se concentrar nos exercícios de Controle Mental.

Um dos viciados em heroína enfrentou uma crise familiar no primeiro dia do curso e desistiu. O último viciado conseguiu se desintoxicar, ficando livre das drogas por vários meses após o curso. Mas um dia ele telefonou para o Sr. Grivas para contar que tinha voltado a usar heroína. Ele pediu para fazer o curso mais uma vez. O Sr. Grivas passou um dia com ele para reforçar o treinamento de Controle Mental e novamente ele se livrou da droga. Meses depois, ele continuou livre do vício. Contudo, ele se mudou e o Sr. Grivas perdeu contato com ele.

A segunda iniciativa para ajudar viciados por meio do Controle Mental aconteceu em um projeto comunitário no Bronx, com dezoito ex-viciados, alguns dos quais eram administradores e funcionários do projeto. Os ex-viciados que fizeram o curso relataram que se sentiram muito mais em controle de si mesmos e, meses depois, vários deles relataram que conseguiram transmitir parte das lições do curso para suas famílias. Não foi possível realizar testes confiáveis mensurando os resultados antes e depois do curso porque, após três meses, a maioria dos dezoito ex-viciados que haviam começado o curso não foi mais encontrada.

Foi possível tirar alguma lição dessas duas experiências? Sim, diz Paul Grivas. Embora ainda não haja comprovação estatística, a experiência indica duas coisas:

Primeiro, o Controle Mental não deve entrar na vida de um viciado por apenas alguns dias para que depois ele tenha de se virar sozinho. Para a maioria de nós, o Controle Mental é uma experiência de transformação permanente, mas para alguém que precisa superar anos, talvez uma vida inteira, de forte negatividade, além de um vício mental e físico, faz-se necessário um período de treinamento prolongado com reforço frequente. "Se eu tiver um programa de reabilitação de drogas em que eu possa fazer isso", diz Grivas, "tenho certeza de que obterei resultados."

Em segundo lugar, por mais difícil que seja superar o vício em drogas, o viciado aceita com mais facilidade o treinamento de Controle Mental do que muitas pessoas. A razão disso, acredita o Sr. Grivas, é que o controle da mente envolve um estado alterado de consciência. Enquanto a maioria das pessoas nunca teve uma experiência de alteração da consciência, o viciado em drogas vive isso com frequência. O que é novo para ele é entrar em um nível útil da mente no qual ele adquire controle, em vez de perdê-lo. É aqui que o Controle Mental parece promissor para o viciado.

Embora não haja estudos extensivos nesta área, há inúmeras histórias de sucesso de graduados que sugerem que a confiança do Sr. Grivas no Controle Mental é bem fundamentada.

Trago aqui a história de um graduado que se curou do vício em 1971. Ele continua "limpo".

Eu sabia que tinha um problema sério: o vício em heroína. Eu não conseguia entender como um curso chamado Controle Mental, que alegava, entre outras coisas, ser capaz de ajudar pessoas a eliminar hábitos indesejados, iria me ajudar depois de eu ter testado a maioria dos métodos de reabilitação de drogas. Apesar do meu ceticismo, depois de frequentar psiquiatras, psicoterapeutas, programas de metadona e hospitais, eu estava disposto a tentar qualquer coisa! Eu tinha certeza de que só ficaria vivo por mais três anos para comemorar o meu trigésimo aniversário se parasse de usar heroína e abandonasse o estilo de vida necessário para obter até duzentos dólares por dia para comprar drogas.

"Um hábito nada mais é do que é uma impressão nas células cerebrais que foi reforçada pela repetição", disse o instrutor do Controle Mental. "Se você alterar a programação no nível da causa, que é a mente subconsciente, você mudará os padrões de comportamento no nível do efeito, que é a dimensão externa consciente."

Logicamente, isso fazia sentido para mim, mas meu emocional me dizia que eu precisava usar drogas para me deixar afetar menos pela vida e pelos sentimentos negativos que eu tinha por mim mesmo. Então o instrutor nos ensinou uma técnica para mudar a imagem que tínhamos de nós mesmos como pessoas fracas, sem força de vontade e ineficazes, e passarmos a nos ver como seres humanos confiantes, com uma autoimagem saudável, sem dependermos de ninguém além de nós mesmos.

Ainda cético, mas com uma ponta de esperança, comecei a mudar a minha imaginação no nível "Alfa". Eu me programei três vezes ao dia, de manhã, ao meio-dia e à noite, para que em 20 de julho, trinta dias depois da data da minha primeira programação, todo o desejo por drogas desaparecesse por completo. Durante os trinta dias, continuei usando drogas, mas diminuí gradativamente a quantidade usada, planejando-me para me livrar por completo delas na data prevista.

Naquele grande dia de julho, parei de usar drogas e nunca mais voltei. Não foi nada parecido às vezes anteriores, quando eu parava de usar drogas e acabava voltando alguns dias ou semanas depois. Desta vez, meu pressentimento era de que eu realmente não teria mais desejo por drogas. Sem precisar de força de vontade, sem substitutos, sem suprimir sentimentos e desejos. Deu certo. Finalmente eu estava livre!

O alcoolismo, também um vício, é muito mais comum do que o vício em drogas e entristece muitas e muitas vidas (milhões delas só nos Estados Unidos). As vítimas de alcoolismo também sentem uma necessidade desesperada de superar sentimentos de desamparo, fracasso e culpa, de construir autoconfiança e compostura para conseguir recobrar a própria saúde.

Quinze alcoólatras tiveram essas necessidades atendidas quando fizeram o curso de Controle Mental em 1973, no âmbito de um projeto de pesquisa em uma casa de recuperação onde recebiam tratamento. Os resultados foram mensurados pelo Dr. De Sau. Ele aplicou o mesmo teste de personalidade que havia usado com os alunos de pós-graduação da Universidade de Scranton e, como no estudo anterior, aplicou-o uma vez logo antes e novamente um mês após o curso.

A diferença mais nítida entre as quinze pessoas antes e depois do curso foi o comportamento manipulador. Houve uma mudança no perfil do grupo, que abdicou do controle dissimulado das situações e passou a ter maior franqueza e abertura ao buscar objetivos, uma mudança que o acaso produziria apenas uma a cada cem vezes. Outras mudanças geralmente seguiram o mesmo padrão observado entre os alunos do ensino médio e universitários já descritos. Eles passaram a sentir maior força de ego e autoconfiança, ficaram mais relaxados e abertos a novas experiências, todas essas qualidades inestimáveis para qualquer pessoa que esteja lutando para se livrar do álcool.

Uma das mudanças mais significativas foi a redução da "sensibilidade à ameaça" ou ansiedade. O Dr. De Sau escreveu: "A questão da sensibilidade à ameaça, com uma alta tensão autonômica e hiperatividade, pode ser de grande importância para compreender o comportamento do alcoólatra. É muito possível que os alcoólatras usem o álcool como um meio para tentar equilibrar seus sintomas mentais/físicos. O álcool, como resposta para equilibrar a mente/corpo em uma situação de ameaça, pode proporcionar alívio do nível de ansiedade. Uma autoimagem melhorada e maior capacidade de lidar com a ansiedade parecem ser uma melhor forma de lidar com o álcool".

O diretor da casa de recuperação relatou a situação de cada um dos quinze novos graduados do Controle Mental seis meses depois. (Para preservar a privacidade dos alunos, eles são simplesmente referidos como "sujeito" ou "S", em vez do nome.)

Sujeito 1: Não teve nenhuma recaída desde que passou por um programa de reabilitação de noventa dias. Desde que fez o curso de Controle Mental, S deixou de ser um indivíduo passivo e retraído e se tornou uma pessoa bem-humorada, afável, extrovertida e de humor irônico.

Sujeito 2: Desde que fez o curso de Controle Mental, S não passou por nenhuma recaída e saiu da residência e do programa de tratamento na casa de recuperação. Aparentemente, S está sentindo maior bem-estar e mais confiança em si mesmo.

Sujeito 3: Sem recaídas desde o tratamento de reabilitação no programa hospitalar. Desde o curso de Controle Mental, S demonstrou um progresso claro no programa de AA.

Sujeito 4: Nenhuma recaída desde a hospitalização anterior ao curso de Controle Mental. O curso de Controle Mental foi um reforço significativo para o tratamento terapêutico.

Sujeito 5: S não passou por nenhuma recaída desde a alta do programa de reabilitação do hospital.

Sujeito 6: Sem recaídas. O bem-estar de S está definitivamente melhorando. A melhoria se reflete em uma aparente estabilização de toda a família. Suas notas na faculdade também melhoraram.

Sujeito 7: Até o momento, S não teve nenhuma recaída. Após o curso de Controle Mental, S interrompeu o programa do AA. No entanto, é evidente que ele está vivendo a filosofia do AA. As relações familiares também parecem estar melhorando.

Sujeito 8: Sem recaídas desde que fez o curso de Controle Mental. As relações familiares melhoraram muito. S deixou de ser um sujeito cáustico e raivoso e passou a ter um temperamento afável de "Ame o próximo".

Sujeito 9: O sujeito, uma mulher, não teve recaídas e está atualmente empregada.

Sujeito 10: Nenhuma recaída. S agora está focado em objetivos, reduziu drasticamente suas limitações autoimpostas e está procurando melhores oportunidades de realização.

Sujeito 11: Desde que fez o curso de Controle Mental, S afirmou que sua vida melhorou gradualmente, o que fica evidente na sensação de bem-estar relatada pela sua família e no seu histórico profissional. S não passou por nenhuma recaída.

Sujeito 12: Doze anos no programa do AA. Desde que fez o curso de Controle Mental, S teve uma breve recaída de menos de uma hora. Sem recaídas posteriores.

Sujeito 13: Sem recaídas desde a alta do programa de reabilitação do hospital. Desde que fez o curso de Controle Mental, S está se recompondo gradativamente. A melhoria é observada em áreas como trabalho, família etc.

Sujeito 14: Desde que fez o curso de Controle Mental, S teve várias recaídas, das quais conseguiu se recuperar por conta própria. Ele não foi hospitalizado em nenhuma das recaídas, como acontecia antes de fazer o curso de Controle Mental.

Sujeito 15: Oito anos entrando e saindo do programa do AA. Hospitalizado quatro vezes antes de fazer o curso de Controle Mental. Deslizes intermitentes ou recaídas durante esse período. Desde que fez o curso de Controle Mental, S teve quatro recaídas, sendo que duas delas exigiram breves internações.

O Controle Mental foi nitidamente um poderoso impulso nas batalhas de todos os alcoólatras, com exceção deste último.

É claro que esse pequeno estudo não é suficiente para provar que o Controle Mental deva ser aceito como parte do tratamento do alcoolismo. No entanto, a melhoria da sensação de bem-estar, observada de maneira bastante uniforme se comparada à situação antes e depois dos testes com estudantes e pacientes psiquiátricos, sugere que o Controle Mental deveria ser testado por aqueles que procuram outras maneiras de ajudar alcoólatras em seus tratamentos.

Há outra condição que abala a autoestima, não tão autoimposta como o vício em drogas ou álcool, mas ainda mais comum: a pobreza. As causas da pobreza e as soluções para ela têm sido debatidas desde o surgimento das sociedades humanas. O Controle Mental não entra nesse debate, mas pode ser de grande ajuda para convencer os pobres a reunir forças para se ajudarem.

Pode parecer que já entramos em um debate ao afirmar que, se tentarmos convencer os pobres a se ajudarem, estamos presumindo que eles são culpados pela própria pobreza. Obviamente, isso não é verdade, mas todo pobre pode se ajudar a ultrapassar seus próprios limites ao encontrar no Controle Mental o mesmo que os demais: maior capacidade de controlar a própria vida.

A primeira iniciativa séria para tentar descobrir a utilidade do Controle Mental como parte de um programa de reabilitação foi um estudo com 41 homens e mulheres atendidos por programas de assistência social.

Sabe-se que, quando a pessoa perde o emprego, ela sofre um golpe em sua autoestima e passa a ter mais dificuldades para pensar e agir para contornar o problema. Um candidato a uma vaga, sentindo-se derrotado e autodepreciativo, faz entrevistas medíocres que prolongam seu desemprego, o que diminui ainda mais a sua autoestima. Isso pode acabar levando ao assistencialismo. Se algo puder se interpor nessa espiral descendente e dar um impulso real à autoestima, a pessoa estaria em melhores condições de se ajudar.

Esse foi, grosso modo, o raciocínio de Larry Hildore, diretor do Departamento de Serviço Social do Condado de Ottawa, em Michigan.

Ele mesmo havia feito o curso e sabia o que o treinamento poderia fazer. Sua única dúvida era se os resultados poderiam ser mensurados e como seriam essas mensurações.

Para elaborar o projeto de pesquisa e realizar os testes, ele e o Dr. De Sau procuraram o Dr. James Motiff, do Departamento de Psicologia do Hope College, em Holland, Michigan. Eles escolheram o conhecido Teste de Autoconceito do Tennessee, com seis páginas e cem perguntas, que mede cinco aspectos da opinião que a pessoa tem sobre si mesma: eu físico, eu moral/ético, eu pessoal, eu familiar e eu social. O teste foi aplicado duas vezes, uma antes e outra depois do curso.

Isso poderia levar alguns resultados a serem interpretados como mero "Efeito Hawthorne". Em meados dos anos 1920 e início dos anos 1930, a Western Electric Company lançou um extenso projeto de pesquisa para estudar mudanças nas condições de trabalho que poderiam melhorar a moral dos funcionários na fábrica de Hawthorne, em Chicago. Qualquer coisa que a empresa fizesse, a moral elevava. Se a empresa introduzia algo novo, a moral disparava. Se tiravam, a moral voltava a subir. A conclusão foi que as pessoas simplesmente ficam felizes ao serem notadas, e isso se reflete em uma melhoria na moral.

Para medir esse possível "Efeito Hawthorne", o Dr. Motiff testou outro grupo de beneficiários da previdência social, que não fizera o curso de Controle Mental. Eles foram testados duas vezes, mas, ao contrário do grupo do Controle Mental, não sentiram nada de especial entre os dois testes. Não houve nenhum "Efeito Hawthorne".

Aqueles que receberam o treinamento de Controle Mental acabaram com visões bastante diferentes de si mesmos. Em certos casos, essas mudanças excederam o acaso em uma probabilidade de milhões para um. As mudanças foram drásticas em todas as categorias: os recém-graduados passaram a se ver como pessoas muito melhores do que se viam antes e sentiam mais confiança na própria capacidade de resolver problemas.

O grau de mudança levou o Dr. Motiff a afirmar que os dados "são os mais significativos que já vi". Um relatório sobre o estudo afirmou:

Houve uma preocupação de como seria a receptividade de alguém em um programa social, como uma mãe afundada na miséria, diante da introdução do Controle Mental, com a filosofia otimista de "cada vez melhor". Essa preocupação logo sumiu, no segundo fim de semana. Cem por cento dos alunos originalmente matriculados terminaram o curso, e o silêncio tímido do início foi substituído por um burburinho de conversas animadas que quase transformou a sessão em uma grande reunião de reencontro.

Quase todos tinham algo construtivo para contar: a retomada da relação com os filhos, o fim de uma dor de cabeça crônica, menos frustração, perda de peso. Uma jovem mãe radiante usou a técnica do Espelho Mental para encontrar a resposta para solucionar a questão do desemprego e visualizou apenas uma mão assinando um cheque. No dia seguinte, ela conseguiu o emprego que sempre quis.

Em geral, é um estado de espírito, uma autoimagem danificada, que aprisiona a pessoa e a torna grosseira e violenta enquanto ela está naquela situação. É um estado de espírito para o qual a pessoa acaba voltando muito facilmente depois de ficar "livre". A liberdade que se espera que o Controle Mental ofereça a um prisioneiro é a mesma que o método proporciona a todos nós: ele destrói os limites mentais que se manifestam "externamente" para muitos de nós, como dores de cabeça, úlceras, insônia e fracasso no trabalho da vida, e que se manifestam para o prisioneiro como grades e muros.

A experiência limitada do Controle Mental em prisões indica que o resultado da aplicação do método é um ambiente menos violento. O tempo passado lá dentro deixa de ser apenas horas vazias tomadas da vida de uma pessoa por conta da lei, tornando-se uma parte enriquecedora da própria vida, na forma de momentos de crescimento e autodescoberta. O Controle Mental talvez não faça da prisão um período feliz de reclusão, mas pode torná-la um lugar mais civilizado e propício ao crescimento.

Embora não tenham sido realizados estudos estatísticos, as experiências pessoais dos prisioneiros e dos seus instrutores são muito mais convincentes. Lee Lozowick, à época coordenador da área de Controle Mental de Nova Jersey (ele renunciou ao cargo no início de 1976 para estabelecer uma comunidade espiritual em Hohm), ministrou o curso sete vezes na prisão estadual de Rahway: quatro para cerca de sessenta detentos e três para os funcionários da prisão.

Ele disse: "Não há dúvida sobre os benefícios que os detentos e os funcionários obtiveram após fazer o curso. É possível ver isso em seus rostos". As autoridades ficaram tão impressionadas com o Controle Mental que os prisioneiros que estavam cursando uma graduação receberam crédito acadêmico pelo curso.

Ronald Gorayeb, que substituiu o Sr. Lozowick, ofereceu o curso a dez detentos da prisão do condado de Passaic, em Nova Jersey. Um homem saiu do curso quando foi libertado da prisão e quis voltar para concluí-lo, mas os funcionários da prisão tiveram de negar. Outro pediu para ser enviado à solitária após o curso para poder meditar, o que os funcionários da prisão autorizaram. Outro detento, usando a técnica da tela mental, programou um emprego do lado de fora da prisão. E, de fato, encontrou um, que era o que ele precisava para obter a liberdade condicional.

19

Controle Mental no mundo dos negócios

Imagine acreditar na Lei de Murphy ("Se alguma coisa pode dar errado, dará, e no pior momento possível") e, de repente, descobrir que essa lei não existe, e, no lugar dela, existe apenas a Declaração de Direitos Cósmica sobre a qual José escreveu. Você se sente mais sortudo porque está mais sortudo de fato.

Muitos graduados do curso de Controle Mental dizem que isso é o que acontece em suas vidas profissionais. Vendedores percebem que seus clientes estão mais suscetíveis a comprar com eles; cientistas encontram respostas repentinas para problemas desconcertantes; atletas profissionais acumulam pontuações melhores; desempregados encontram empregos; empregados passam a gostar mais de seus empregos.

"Quando encontro graduados do Controle Mental na empresa", disse Michael Higgins, de 44 anos, diretor de desenvolvimento laboral da Hoffmann-La Roche, Inc., unidade de Nutley, Nova Jersey, "vejo uma atitude positiva e mais alegria refletidas nessas pessoas, e eu sinto isso de forma constante".

A Hoffmann-La Roche é uma das maiores indústrias farmacêuticas do mundo. "Esta afirmação pode surpreender, vinda de um fabricante de tranquilizantes", disse Higgins, "mas estamos abertos a meios alternativos de melhorar a saúde mental das pessoas, e essa foi uma das nossas motivações para começar a estudar o Método Silva de Controle Mental em 1973".

Outra coisa que motivou o Sr. Higgins a fazer o curso é que poucos dos funcionários mais eficazes de qualquer empresa estão atingindo todo o seu potencial de eficácia. O que ele encontrou no Controle Mental o levou a planejar um projeto-piloto que daria origem inicialmente a um programa apoiado pela empresa e, a partir daí, ganharia vida e decolaria por conta própria. Ele anunciou o plano, "cinquenta pessoas se inscreveram de um dia para o outro", e procurou por um pastor em Paterson, uma cidade vizinha: o reverendo Albert Gorayeb, que é um dos palestrantes mais carismáticos do Controle Mental.

O plano deu certo. Agora, três anos depois, há mais de trezentos graduados na fábrica, entre altos executivos, cientistas, secretárias, engenheiros, assistentes de laboratório e gerentes de equipes. Alguns fizeram o curso custeados pela empresa, mas muitos arcaram com as próprias despesas.

"Fiquei especialmente fascinado pelos pesquisadores que fizeram o curso. No início, eles eram os maiores céticos, mas acabaram se tornando os maiores entusiastas", disse Higgins.

Trago aqui alguns comentários dos graduados do curso de Controle Mental realizado em Hoffmann-La Roche, publicados no jornal da fábrica, o *Inside Roche*:

De um diretor de merchandising: "O curso me deu um novo sentido de consciência sobre mim mesmo e me mostrou a importância de interagir e trabalhar com os colegas de trabalho. Estou aplicando o que aprendi para tentar desenvolver a capacidade de canalizar meus interesses e realizações para diminuir o desperdício de tempo e de movimento".

De um bioquímico assistente: "A minha atitude mental mudou por completo. O resultado disso é que agora estou convencido de que coisas boas realmente acontecem quando você olha a vida de forma positiva. É incrível o carinho que flui entre duas pessoas quando elas são agradáveis e tolerantes uma com a outra".

De um gestor de equipes: "É uma das melhores coisas que já me aconteceram, e considero um privilégio ter podido participar do curso. Ele enfatiza o pensamento positivo e me ajudou a desenvolver uma paz interior e a aumentar a minha confiança".

De um supervisor de serviços da fábrica: "Mentalmente, eu me sinto melhor: já não me preocupo tanto, nem trato tudo como se fosse uma emergência, e aprendi a relaxar e controlar as minhas dores de cabeça. A chave do sucesso é acreditar".

De um analista de sistemas sênior: "O resultado do curso é um aumento na confiança e na sensação geral de bem-estar que nos ensina a reconhecer partes da nossa natureza que normalmente ignoramos. Por exemplo, o programa aumenta a sensibilidade diante das outras pessoas e nos torna mais conscientes das experiências intuitivas que a mente racional tende a negar".

O Idea Banque, Inc., de Chicago, é uma empresa que foi construída desde o início com técnicas de Controle Mental. Trata-se de uma cooperativa entre graduados do curso de Controle Mental que propõe invenções comercializáveis. Tudo começou quando Richard Herro, responsável pelas atividades de Controle Mental na região de Chicago, apresentou um problema de marketing complexo para verificar se a intuição sentida em Alfa e Teta poderia levar a respostas práticas. Com dez anos de experiência como consultor de marketing, Herro já tinha uma resposta satisfatória, que ele havia levado dez anos para elaborar. Os graduados do Controle Mental também chegaram a respostas satisfatórias – em dez minutos.

"Eu já esperava por algo assim, mas não estava preparado para o fato de que os leigos teriam desempenho muito melhor nos problemas técnicos do que os especialistas. Eles não se limitam à lógica e podem explorar mais possibilidades."

Ele disse: "Tive de concluir que a inteligência combinada de vinte pessoas, ao entrar no nível Alfa para explorar a imaginação criativa, é cerca de mil vezes mais eficaz do que a inteligência de vinte pessoas tentando raciocinar para chegar a uma solução".

Usando as mesmas técnicas de resolução de problemas, ele inventou e patenteou uma nova maneira de fabricar concreto protendido. Assim, os graduados do curso de Controle Mental passaram a ter novas ideias e precisavam conhecer técnicas de marketing. "Foi assim que nasceu o Idea Banque", explica.

Ao todo, o Idea Banque, agora em seu segundo ano de operação, tem dezoito invenções prontas para serem lançadas e cerca de vinte em desenvolvimento. Uma dessas invenções é um "comedor de folhas", um acessório para cortadores de grama que faz uma forragem com as folhas mortas. Uma empresa que comercializa produtos pela televisão comprou dois milhões e meio de unidades. Outra é um remendo adesivo para telas rasgadas. Em vez de ser invisível, este chama a atenção. O "Bug Plug" é colorido e tem a forma de um inseto.

A empresa se reúne uma vez por mês para resolver problemas por meio da meditação. Pode fazer parte da empresa qualquer pessoa que tenha uma ideia com potencial de lucro. Paga-se uma taxa inicial mais uma pequena taxa mensal, e eles dividem os lucros.

Há também um clube de investimentos fundado por graduados do curso de Controle Mental que atua, ou atuava, na região de Chicago. Um corretor de ações pensou que poderia aproveitar sua nova habilidade de voltar ou avançar no tempo para selecionar melhor as ações. Se você vir, enquanto estiver meditando, uma ação no futuro, compre-a agora e venda-a no futuro. O plano atraiu o Sr. Herro, e ele formou um clube. O Sr. Herro, o corretor e outros membros estavam animados, mas não tinham muita certeza. O Controle Mental já resolveu inúmeros problemas, mas nunca resolveu, até onde se sabe, o problema de prever com precisão os altos e baixos das cotações em Wall Street.

Com esse ceticismo saudável, os membros não investiram nada de fato durante os primeiros seis meses de testes semanais.

A cada semana, o corretor dava os nomes de dez ações. Os membros, em Alfa, visualizavam-se trinta dias adiante. Eles se viam no escritório de uma corretora ou lendo um jornal, para entender o desempenho de cada ação. Quando voltavam ao presente, em Beta, as descobertas eram registradas. Quando a votação era de 1½ a 1 a favor de uma ação, eles faziam a compra – na teoria.

Logo no início, surgiu um problema. Os membros precisaram aprender que o otimismo alegre, uma das marcas de um graduado do Controle Mental, muitas vezes é um péssimo guia para o mercado de ações. Eles começaram a ver que todas as ações subiam. No entanto, eles aprenderam a lição rapidamente e logo estavam acertando em cheio. O "portfólio" do grupo começou a ter um desempenho melhor do que a média do mercado.

Outro problema surgiu. Cada vez mais entusiasmados, os investidores psíquicos começaram a ler sobre as ações que haviam selecionado, tornando-se cada vez mais bem informados. Eles trouxeram essas informações objetivas para suas meditações, e os lucros simulados começaram a cair.

A solução foi então atribuir a cada ação um número codificado para que ninguém soubesse qual ação eles estavam analisando psiquicamente. Os resultados melhoraram e voltaram a ficar acima da média do mercado. Agora, com seis meses de dados comprovando que os médiuns treinados podiam tomar a dianteira do mercado de ações, era hora de investir dinheiro de verdade.

A transição dos testes para investimentos reais ocorreu sem problemas. Os membros do grupo obtiveram lucros reais. Quando o mercado caía, suas ações também caíam, mas não tanto quanto o mercado como um todo. Quando o mercado subia, suas ações também subiam, ainda mais do que o mercado. No entanto, após cerca de um ano, surgiu um problema. O mercado caiu mais do que subiu. A carteira do grupo também caiu, embora não tão acentuadamente. Ainda assim, estava em baixa, e o orgulho que o grupo sentia em superar o mercado foi afetado pelas perdas.

Qualquer investidor sofisticado dirá que é possível ganhar dinheiro quando o mercado está em baixa. Basta vender a descoberto. A prática consiste em vender agora uma ação que você não tem, para então comprá-la e entregá-la mais tarde, quando o preço cair. É uma prática perfeitamente legal, mas significa lucrar com as perdas dos outros ou, em outras palavras, ficar feliz com a desgraça alheia, o que não é algo do feitio dos graduados do Controle Mental. O clube foi suspenso.

Enquanto este livro está sendo escrito, o mercado está em alta e o Sr. Herro contou que os membros poderiam voltar a atuar.

Seu interesse na utilidade do Controle Mental se estende também aos esportes, que, segundo ele, constituem um negócio tão importante quanto o marketing de novos produtos e o investimento no mercado de ações. Você já deve ter ouvido falar que vários jogadores do Chicago White Sox fizeram o curso de Controle Mental. Esse fato foi amplamente divulgado em 1975, no programa *60 Minutes* da CBS-TV e no programa *Today* da NBC-TV. O senhor Herro é em grande parte responsável por isso.

Quando a temporada de beisebol terminou, ele comparou as pontuações individuais dos jogadores antes (1974) e depois (1975) do curso de Controle Mental. Todos eles melhoraram, a maioria deles drasticamente.

Vendedores são alguns dos graduados mais entusiastas do Controle Mental. "Eu entro no meu nível e visualizo uma ligação bem-sucedida. Os resultados são notáveis. Todo mês, digo a mim mesmo que vou vender X dólares, estabelecendo metas cada vez mais altas, e continuo atingindo-as." Isso foi relatado por um vendedor de uma das empresas mais prestigiadas de Wall Street. O vice-presidente de uma pequena indústria siderúrgica disse: "Eu digo a mim mesmo: 'Vou vender para esse cara', e funciona. Agora recomendo [o Controle Mental] para os meus vendedores, parceiros e até para os meus filhos. Acho que todos podem se beneficiar dele, não apenas no trabalho, mas também na vida pessoal".

Em termos de número de relatos de graduados, os resultados mais expressivos são na busca por emprego. A autoconfiança tranquila proporcionada pelo treinamento em Controle Mental provavelmente é tão responsável por esses resultados quanto qualquer outro fator: a autoconfiança necessária para procurar um emprego melhor e a maior facilidade que o graduado tem nas entrevistas de emprego já são suficientes para mudar o rumo na carreira de uma pessoa.

Um fotógrafo, casado e com dois filhos, perdeu o emprego de repente e escreveu ao seu professor:

> Se isso tivesse acontecido cinco anos atrás, eu teria ido ao bar mais próximo cheio de razão para ficar completamente bêbado e chorar no copo de cerveja do outro cara desempregado ao meu lado.
>
> AGORA, com o Controle Mental, eu afasto as nuvens para poder tirar fotos aéreas sem sombras no chão, eu curo cortes e hematomas e encontro dezenas de artigos perdidos só de olhar para a minha tela. Não fiquei nem um pouco preocupado por ter de procurar outro emprego.

Tudo o que eu fiz foi entrar no meu nível e me vi indo para a faculdade, o que achei estranho, tendo em vista que já sou formado. Ao pesquisar, descobri que tenho direito ao reajuste dos militares (*G.I. Bill*) e vou ganhar US$ 400 como benefício, e mais US$ 300 de seguro-desemprego, totalizando US$ 700, que é US$ 200 a mais do que eu ganhava quando eu estava trabalhando. Além do fato de que agora eu posso vender meu trabalho para revistas e para a imprensa.

Outra pessoa que se recuperou de uma perda de emprego repentina era um recém-formado de Nova York. Ele ligou furioso para José e disse: "Quero ver você me falar agora sobre Controle Mental!". José disse com calma para ele continuar trabalhando com sua tela mental e com as outras técnicas. Três dias depois, ele ligou para José em um estado de espírito totalmente diferente. Ele acabara de conseguir um emprego que pagava três vezes mais do que o emprego anterior.

Talvez a experiência mais pitoresca com o Controle Mental nos negócios seja relatada por um casal que abre cofres para outras pessoas. Eles fazem assim: um deles vai psiquicamente ao laboratório, evoca uma imagem mental vívida do cofre e do seu dono, então volta no tempo e observa com muita atenção a pessoa abrindo o cofre. O outro, atuando como orientador, anota cuidadosamente os números que vão sendo ditos. Mais tarde, em Beta, o médium faz uma visita domiciliar e, também em Beta, abre o cofre para o seu dono, que fica maravilhado e agradecido. O médium, um chaveiro aposentado do Centro-Oeste, é chamado com frequência para abrir cofres para donos que não conseguem se lembrar da combinação.

20

E agora, para onde vamos?

A partir da sua primeira realização com o Controle Mental, você embarcará em uma odisseia de autodescoberta. O que você aprenderá sobre si mesmo será incrível. Finalmente, quando tudo estiver funcionando para você, como José descreveu nos capítulos anteriores, vários caminhos de desenvolvimento estarão abertos para você.

Você pode, por meio de livros, amigos ou outros cursos, testar outras técnicas e aumentar as ferramentas mentais à sua disposição. Além disso, você pode descobrir que mesmo um milagre repetido várias vezes se torna comum e, ao perder a empolgação inicial das novas descobertas, você pode relaxar e voltar à estaca zero. Ou, ao descobrir que uma técnica de Controle Mental funciona melhor para você do que as outras, você pode se especializar naquela e fazer dela uma parte confiável da sua vida.

Nenhum desses caminhos é o ideal.

Se você começar a buscar outras técnicas, encontrará muitas que funcionam. Provavelmente, as técnicas que você encontrar já foram pesquisadas por José e deixadas de lado em favor daquelas que você encontra agora no seu curso. As pessoas que se tornam colecionadores de técnicas acabam não tendo tempo o suficiente para dominar aquelas que são mais úteis. Falaremos sobre isso mais adiante.

Se você sentir que a sua empolgação está diminuindo e que você está deixando de lado a prática do Controle Mental, saiba que você não estará sozinho. O mais importante é que sua experiência não será em vão. José observou que, uma vez dominado, o treinamento do Controle Mental nunca se perde totalmente e pode ser recuperado e utilizado em casos de emergência.

O que muitos graduados do Controle Mental fazem é escolher uma técnica específica que funciona melhor para eles. Quanto mais eles a usam, melhores são os resultados. No entanto, existe uma quarta abordagem ainda melhor do que essas três.

O Controle Mental é um conjunto selecionado a dedo de exercícios e técnicas mentais que se reforçam mutuamente. Ignorar uma técnica porque ela não funciona tão bem para você quanto para outras pessoas é perder uma oportunidade de se desenvolver de modo mais pleno. O Controle de Sonhos reforça as habilidades com a Tela Mental; a Tela Mental torna o Controle dos Sonhos mais confiável e vívido. O curso e os capítulos de José aqui são só uma parte. O todo é muito maior que suas partes.

Ainda assim, você pode se perguntar o que vem em seguida, depois de praticar e conseguir realizar tudo.

Apenas conseguir realizar o Controle Mental não é suficiente. Há diversos graus de controle e sutilezas que você encontrará à sua frente.

Certa vez, um aluno perguntou a José: "Como você sabe quando uma pessoa conseguiu aprender com o Controle Mental tudo o que havia para aprender?".

"Quando ela consegue converter todos os seus problemas em projetos e fazer com que seus projetos funcionem da maneira que deseja", respondeu ele. Então, ele fez uma pausa e acrescentou: "Não. É mais profundo do que isso. Quando ela percebe que todos nascemos com enormes poderes, quando vê segundo sua própria experiência que esses poderes só podem ser usados de forma construtiva, ela então percebe que há uma dignidade e um propósito por trás da nossa presença neste planeta. A minha opinião é que o propósito que devemos servir é evoluir, e essa evolução é uma responsabilidade individual de cada um. Acho que a maioria das pessoas não tem muita noção disso. Quanto mais você pratica o Controle Mental, mais forte essa noção se torna, até se tornar uma certeza concreta".

É essa profundidade de experiência que espera por você: a "certeza concreta" de que existe um propósito benevolente por trás de tudo. No Controle Mental, isso não acontece na forma de *flash* místico após anos de meditação e renúncia à vida, mas sim de uma forma muito rápida, com base na experiência diária de viver com mais eficiência, não só nos eventos que moldam o nosso destino, mas também nos detalhes cotidianos da vida.

Vamos pensar, por exemplo, em um episódio bastante insignificante, do tipo que um recém-graduado do Controle Mental poderia vivenciar, e veremos como ele pode se tornar um passo importante para construir essa "certeza concreta". A primeira coisa que um recém-graduado fez ao voltar para casa depois das férias foi tirar o filme da câmera fotográfica e procurar na bagagem outro rolo de filme. Ele não conseguiu encontrar. O filme não era uma grande perda, mas era irritante, pois era ali que estava registrada a primeira semana das suas férias.

Ele entrou no seu nível e reviveu o momento em que colocou o filme na câmera; mas ele só conseguiu ver em sua tela mental a própria câmera na sua mesinha de centro, onde havia colocado o primeiro rolo, mas não o segundo. Ele ficou no seu nível e reviveu os momentos em que tirava fotos, porém ainda não conseguiu ver nenhuma cena dele recarregando a câmera. Repetidamente, a cena da mesa de centro continuou aparecendo.

Convencido de que a sua tela mental havia falhado, ele levou o único rolo de filme para revelar. Quando foi buscar, encontrou todas as fotos que havia tirado, do início ao fim das férias. Não havia um segundo rolo.

Por menor que tenha sido esse episódio, ele deu ao graduado a primeira razão concreta fora da sala de aula para que ele passasse a ter mais confiança em sua própria mente. Depois de mais alguns pequenos episódios como esse e mais outros grandes, nos quais ele ajudará não apenas a si mesmo, mas também a outras pessoas, sua visão de si mesmo e do mundo ao seu redor mudará. Sua vida mudará porque ele estará prestes a ter essa certeza concreta.

Ao longo do caminho, ele pode chegar a algo assim: um graduado que praticava o Controle Mental há vários meses teve uma filha que era alérgica aos dois gatos da família. Sempre que ela brincava com eles, começava a ter dificuldade para respirar e tinha uma erupção cutânea. Ele colocou o problema e, em seguida, imaginou a solução na sua tela mental durante suas meditações por cerca de uma semana. A solução que ele imaginou foi a filha brincando com os gatos, respirando com facilidade, sem erupções cutâneas. Um dia, ele viu na vida real o que havia imaginado. Sua filha não era mais alérgica a gatos.

Em ambos os casos, apenas a tela mental foi utilizada. Ambos tiveram sucesso, então você pode se perguntar: por que se preocupar com outras técnicas?

No primeiro caso, se o graduado não tivesse aprendido nada além de como usar a tela mental, é bem possível que ele tivesse alcançado os mesmos resultados (supondo-se que ele simplesmente tenha despertado a memória de um fato "esquecido" e que a Inteligência Superior não tenha entrado em jogo, o que está longe de estar garantido).

No entanto, o segundo caso exigia um intenso treinamento em Controle Mental (entrada no nível, exercícios de visualização, projeção sensorial eficaz para transmissão telepática de cura, controle de sonhos e trabalho de caso), para que ele pudesse gerar uma boa dose de expectativa a seu desejo e sua crença.

Após bastante prática, a mente começará a pegar atalhos. Ela ficará mais sensível a sinais sutis sobre assuntos importantes e conseguirá transmiti-los a você sem que você precise procurá-los. A vida de uma graduada do Controle Mental pode ter sido salva assim. Ela estava meditando certa manhã, pouco antes de ir para o trabalho, usando a tela mental para resolver um pequeno problema que vinha tendo no escritório, quando um grande X preto bloqueou a cena que ela estava tentando visualizar. Em seguida, o X bloqueou todas as outras cenas relacionadas ao escritório. Uma "intuição" forte demais para ser ignorada lhe disse para não ir ao escritório naquele dia, e ela felizmente ficou em casa. Mais tarde, ela soube que, se tivesse ido ao escritório naquele dia, teria sido vítima de um assalto à mão armada no qual várias pessoas ficaram bastante feridas.

Esse é o tipo de informação que costumamos obter com o Controle de Sonhos, mas ela estava usando a tela mental e foi por meio dela que a informação chegou.

Vamos tratar de outro caso, em que a mente estava tão bem treinada que, em uma emergência grave, foi controlada por um graduado que não teve tempo de entrar em Alfa. Muitos dos eventos descritos na carta a seguir foram confirmados por nove testemunhas.

Quarta-feira, cheguei a casa depois de fazer compras, com os braços cheios de sacolas. Abri a porta de tela, que se fechou sozinha, batendo em mim, antes que eu conseguisse abrir a porta de casa. Impaciente, empurrei-a com força. Para o meu espanto, a porta voltou em alta velocidade, e a maçaneta pontiaguda se fincou no meu braço, abaixo do cotovelo. Larguei as sacolas e lentamente tirei a maçaneta do meu braço. Eu conseguia ver, por baixo de camadas e mais camadas de tecido, um buraco profundo.

Então, o sangue começou a jorrar. Não tive tempo de sentir tontura. Preferi me concentrar intensamente em fazer o sangramento parar. Senti uma grande alegria quando o sangramento parou. Eu mal podia acreditar no que estava vendo!

Enquanto eu lavava e limpava a ferida, comecei a sentir dor. Sentei-me e entrei no meu nível para procurar entender se eu deveria cancelar uma viagem a Boston, em que ouviria o major Thompson em uma reunião do Controle Mental, e então procurar um médico. Mas senti um forte desejo de ir a Boston, bem como de testar a minha crença de ter aprendido a controlar a dor.

Trabalhei sem parar na minha dor a caminho de Boston. Mas, durante a palestra, a dor ficou tão forte e senti meus dedos tão dormentes que, mesmo entrando no meu nível, eu mal conseguia suportá-la. Senti-me culpado por não ter conseguido ouvir a palestra, mas, no dia seguinte, consegui repeti-la praticamente palavra por palavra.

Mesmo sentindo aquela dor tão forte, continuei pedindo ajuda psíquica. Martha deve ter ouvido meu pedido, porque, depois da palestra, enquanto as pessoas se aproximavam da mesa de café, ela insistia em ver o meu "corte". Quando eu levantei o curativo, a ferida ainda estava aberta. Um pedaço de carne se deslocou um pouco quando puxei a maçaneta, e a pele ao redor estava arroxeada. Ela foi pedir ajuda e, depois de descobrir onde ficava o hospital mais próximo, voltou com Dennis Storin. Eu disse que não queria ir para o hospital. Eu queria que Dennis trabalhasse no meu caso, então fomos para um canto tranquilo, onde Dennis entrou no seu nível.

Assim que ele começou a trabalhar na minha ferida, a minha dor ficou tão intensa que tive de entrar no meu nível para trabalhar nela também. Quando ele começou a costurar o tecido rasgado pedacinho por pedacinho, os dedos dele pareciam trazer a dor em ondas enormes. A ferida ficou tão sensível que tive vontade de gritar! Tentei repetidamente me concentrar em fazer a dor passar e em enviar ajuda para Dennis e para mim, combatendo o desejo, que sem dúvida fora concebido em Beta, de dizer a ele para parar e me deixar ir para o hospital. Eu realmente queria que funcionasse.

E, depois de horas, tive a impressão de que a dor começou a diminuir. Primeiro, senti cerca de dez por cento menos dor, depois, quinze por cento. Quando Dennis me perguntou como eu estava, por volta de um quarto da dor havia desaparecido.

À medida que continuamos, os tecidos internos foram reparados. Então, quando as camadas externas começaram a se unir, a dor ficou ainda mais intensa. Apesar de estar concentrado na cura, eu estava ligeiramente consciente das pessoas ao meu redor – em especial de alguém atrás de mim, aliviando um pouco da minha dor quando eu mais precisava. Eu me senti tão grato. Então, as próximas ondas começaram e eu tive de me concentrar muito para enfrentá-las.

Em seguida, trabalhamos para fechar a parte mais profunda da ferida. Senti as pessoas formando um círculo a nossa volta para nos dar força. Eu podia sentir uma energia surgindo dentro de mim, quase me fazendo levantar da cadeira.

Dennis também sentiu isso e, com a ajuda dos outros, a cura progrediu muito mais rápido. Mais tarde, algumas das pessoas que estavam no círculo me disseram que conseguiam ver a ferida fechando, o inchaço diminuindo, a pele passando de um roxo nada saudável para um roxo-avermelhado, depois para vermelho, para rosa e, finalmente, viram as duas camadas externas da pele se unindo como peças bem recortadas de um quebra-cabeça.

Quando voltamos para o local onde meu carro estava estacionado, meus amigos queriam me levar para Warwick, pois não queriam que a ferida abrisse quando eu usasse o braço para trocar de marcha. Mas eu recusei. Eu sabia que chegaria a casa em segurança. E foi o que aconteceu – sem nenhuma dor!

Na manhã seguinte, acordei em perfeito estado. A sensação no meu braço era como se eu tivesse lutado (eu nunca levei uma surra, mas imagino que deva ser assim!). Mas eu não estava sentindo dor, e o meu braço parecia ótimo. Sentei-me na cama e vi o mundo iluminado por um sol brilhante. Senti como se eu tivesse renascido!

Como você pode ver, se continuar explorando o potencial da sua mente, terá uma recompensa inestimável. O Dr. J. Wilfred Hahn, diretor de pesquisa do Controle Mental, diz que todo graduado do curso se torna seu próprio diretor de pesquisa.

Ele pergunta: "Em que outro campo de pesquisa laboratórios caros e equipamentos sofisticados são tão dispensáveis? A ferramenta de pesquisa mais sofisticada já desenvolvida, tão admirável que fico maravilhado sempre que penso nela, está à nossa disposição 24 horas por dia: nossas mentes. Portanto, somos todos diretores de pesquisa".

Uma vantagem importante que temos agora é que, pela primeira vez na história da ciência moderna, a pesquisa psíquica está ganhando algum respeito. O risco de um pesquisador sério ser julgado como um maluco irresponsável, como José foi no início, é bem menor.

Esse risco, no entanto, não foi totalmente superado. Há médicos aprendendo a usar o Controle Mental, cientistas industriais que usam o Controle de Sonhos para inventar novos produtos, homens e mulheres em todas as esferas da vida, alguns mencionados anonimamente neste livro, que dizem: "Não usem o meu nome. Meus amigos vão pensar que estou louco".

Isso está se tornando cada vez mais raro. Centenas de milhares de graduados do Controle Mental falam com orgulho sobre suas realizações após o treinamento. Periódicos médicos respeitados já publicaram artigos científicos e clínicos sobre a cura psíquica e interações mente-corpo. Homens e mulheres famosos, como jogadores do Chicago White Sox e artistas como Carol Lawrence e Marguerite Piazza (mencionadas em páginas anteriores), Larry Blyden, Celeste Holm, Loretta Swit, Alexis Smith e Vicki Carr se manifestaram publicamente para contar suas experiências com o Controle Mental.

E agora, para onde vamos? Rumo a um longo e emocionante caminho de autodescoberta. A cada novo achado, você estará mais perto do objetivo do projeto de pesquisa final, explicado por William Blake:

> *Para ver um mundo em um grão de areia*
> *E o paraíso em uma flor silvestre,*
> *Segure o infinito na palma da sua mão*
> *E a eternidade em uma hora.*

GUIA

O passo a passo da meditação: um resumo

Meditação passiva: entrando em Alfa

A meditação passiva do Método Silva de Controle Mental é o caminho para que você consiga entrar em seu nível. Com ela, você se livrará dos sentimentos de culpa e raiva e poderá entender a força de sua paz interior. Além disso, ela é a base para que você passe à meditação dinâmica.

Meditando logo após acordar

1. Logo ao acordar, se precisar, levante-se, vá ao banheiro e volte para a cama logo em seguida.
2. Programe um despertador para dali quinze minutos, caso caia no sono durante a meditação.
3. Feche os olhos.
4. Com as pálpebras fechadas, olhe para cima em um ângulo de vinte graus.
5. Faça uma lenta contagem regressiva de cem a um, em intervalos de cerca de dois segundos. Concentre-se apenas na contagem.
6. Pronto! Assim, você entrará em Alfa.

Lembre-se de que a sensação de estar em Alfa difere entre indivíduos. Se você sentir que nada aconteceu, é possível que já tenha estado em Alfa muitas vezes antes, sem perceber.

Em intervalos de dez manhãs cada, vá diminuindo sua contagem regressiva:

- Comece contando de cem a um.
- Passe para cinquenta a um.
- Em seguida, vinte e cinco a um.
- Dez a um.
- Por último, cinco a um.

Meditando durante o dia

Uma vez que você aprender a entrar em Alfa contando de cinco a um pela manhã, será capaz também de chegar a seu nível a qualquer momento do dia. A diferença é que você começará o processo já no nível Beta, por estar com a mente desperta. Assim, os passos diferem um pouco:

1. Ache um lugar confortável para se sentar, seja com os pés no chão e as mãos soltas sobre o colo ou em posição de lótus.
2. Mantenha a cabeça erguida, não a deixe cair.
3. Concentre-se em relaxar seu pé esquerdo.
4. Vá subindo, concentrando-se em relaxar toda a perna esquerda.
5. Pouco a pouco, vá focando cada parte de seu corpo, até chegar à garganta, aos olhos e, por fim, ao couro cabeludo.
6. Escolha um ponto no teto ou na parede à sua frente localizado a cerca de 45 graus acima do nível de seus olhos.
7. Olhe para esse ponto até suas pálpebras começarem a pesar e deixe-as fecharem.
8. Assim como nas meditações matutinas, faça uma lenta contagem regressiva, com intervalo de dois segundos entre os números.
9. Não se esqueça de, a cada dez dias, diminuir a contagem, até chegar a cinco a um.

Visualizando sua tela mental

Após entrar em Alfa, desde a primeira vez, é importante criar uma ferramenta de visualização, para ter maior controle sobre sua meditação. Essa ferramenta é chamada de tela mental e é nela que você projetará aquilo no que quer se concentrar.

1. Imagine uma tela de cinema, cerca de dois metros à sua frente. Ela deve ser grande, mas sem preencher todo o espaço de sua visão mental.
2. Projete em sua tela algo simples, como uma fruta. A cada meditação, você pode usar uma imagem diferente, mas deve se manter nela durante toda a sessão.
3. Concentre-se em tornar essa imagem cada vez mais real: imagine-a em três dimensões, todas as suas cores e os seus detalhes.

Caso algum pensamento se intrometa em sua meditação, não se preocupe, é normal, em especial no começo. Apenas afaste-o lentamente e retorne ao objeto em sua tela mental.

Para sair de Alfa

Desde a primeira vez que você entrar em Alfa, é importante escolher um único método para sair desse nível. Assim, você terá maior controle e evitará sair dele de modo espontâneo. Caso decida alterar sua tática, terá que reaprender todo o processo desde o início.

Há vários modos para sair de Alfa, mas, a seguir, está descrito o que é utilizado no Controle Mental.

Uma vez que esteja em seu nível, diga mentalmente:

"Vou sair devagar enquanto conto de um a cinco e me sentir bem desperto e melhor do que antes. Um... dois... prepare-se para abrir os olhos... três... abra os olhos... quatro... cinco... olhos bem abertos, bem acordados, sentindo-me melhor do que antes".

Meditação dinâmica

A meditação passiva por si já traz seus benefícios para a saúde, além de ser uma experiência tranquilizante. Porém, você também pode utilizá-la para outros fins, treinando sua mente para demais atividades, como visualizar com clareza onde deixou seus óculos ou aquela pasta com documentos importantes, ou até mesmo ajudar outras pessoas.

A base para tudo isso é conseguir visualizar sua tela mental. Uma vez que tenha dominado esse passo, passe a treinar a meditação dinâmica:

1. Encontre um lugar confortável para se sentar, seja com os pés no chão ou em posição de lótus. Não se esqueça de manter a cabeça erguida.
2. Antes de atingir seu nível, pense no acontecimento que você deseja rever em Alfa.
3. Lembre-se o máximo possível do ocorrido.
4. Usando o passo a passo do tópico "Meditando durante o dia", mergulhe em seu nível.
5. Projete todos os detalhes em sua tela mental: visões, cheiros, sons e sentimentos.

ANEXO I

O curso de Controle Mental e sua organização

José Silva

Agora você sabe o que é o Controle Mental e o que centenas de milhares de homens e mulheres estão realizando com ele. Como o movimento está bastante difundido, crescendo cada vez mais, obviamente não é possível relatar tudo o que cada graduado ganhou com o treinamento.

Se você conhece algum graduado do Controle Mental, provavelmente já ouviu muitos relatos sobre os benefícios que essa pessoa está colhendo. Alguns usam a técnica para a saúde, outros para os estudos, outros na vida profissional e nas relações familiares, e outros, que não comentam muito a respeito, usam o Controle Mental para ajudar o próximo.

Dada essa variedade de relatos, você pode se perguntar se cada professor ministra o curso de uma forma diferente. Não, o curso é o mesmo em todo o mundo. Por mais que os professores sejam diferentes – tão diferentes quanto um pastor pode ser de um ex-corretor da bolsa de valores –, e apesar da ampla liberdade que lhes é permitida ao ministrar o curso, o treinamento, os exercícios mentais e os resultados permanecem idênticos.

O que difere são as necessidades pessoais de quem faz o curso. Nem todos têm os mesmos problemas, as mesmas necessidades. Cada pessoa, um tempo depois de concluir o curso, tende a se concentrar nas partes do treinamento que lidam mais diretamente com os problemas que deseja resolver.

Mais tarde, à medida que surgem outros problemas, partes do curso antes negligenciadas são colocadas em prática. As técnicas nunca são esquecidas e podem ser facilmente relembradas quando necessário. Você descobrirá isso quando tiver relido, colocado em prática e revisado os exercícios dos Capítulos 3 a 14. Pode ser que você diga: "Bom, meu problema é tal e tal, então vou me concentrar apenas neles". Mas o curso e as partes dele descritas nesses capítulos funcionam juntos e assim foram testados por meio de pesquisas e de uma vasta experiência. Uma parte sem relação aparente reforça todas as outras, incluindo as partes que possam mais lhe interessar.

Nem tudo o que você obteria se fizesse o curso com um professor certificado aparece nos meus capítulos aqui. Então você pode se perguntar: isso muda o curso? Muda de duas maneiras. Primeiro, a velocidade com que você aprende será consideravelmente mais lenta, pois você precisará estudar o livro por várias semanas, ao passo que em uma sala de aula do Controle Mental levaria apenas 48 horas. Em segundo lugar, há uma transferência de energia entre as pessoas em um grupo, que é a parte mais importante da experiência, ou o "ponto alto" sobre o qual você leu. No entanto, quando você aprender conscienciosamente todos os exercícios que eu orientei, será capaz de fazer tudo o que um graduado do curso de Controle Mental pode fazer.

A razão pela qual algumas partes do curso são omitidas não é para esconder algo de você, mas simplesmente porque tais partes exigem a presença de um professor qualificado.

Muitos graduados descobrem que os exercícios e o treinamento mental são muito reforçados quando o curso é repetido algum tempo depois de ter sido feito pela primeira vez. Os alunos são estimulados a fazer o curso novamente (sem custo) e, como resultado, dez a vinte por cento de uma turma comum de Controle Mental são repetentes. Muitos dizem que a experiência é ainda mais intensa na segunda vez. Se você fizer o curso, a primeira vez será uma experiência mais profunda, porque você já terá dominado as técnicas deste livro.

Segue abaixo um resumo de tudo o que os alunos do curso de Controle Mental veem nas aulas:

Manhã do primeiro dia

9:00   O dia começa com uma palestra para dar aos alunos uma introdução geral do curso.

10:20   Intervalo.

10:40   Perguntas, respostas e discussão, seguidas de uma prévia detalhada da primeira meditação.

11:30   O professor conduz os alunos pela primeira vez ao nível mental meditativo, ou Alfa. Eles podem se contorcer ou se coçar à vontade, embora neste nível e nos níveis mais profundos, o corpo exija menos atenção à medida que você fica mais relaxado, sobretudo ao entrar no "lugar ideal de relaxamento".

12:00   Intervalo.

12:20   O palestrante conduz os alunos novamente à meditação, em um nível mais profundo, embora ainda dentro da faixa Alfa.

12:50   Perguntas e respostas e compartilhamento de experiências entre os alunos.

13:00   Pausa para o almoço.

Tarde do primeiro dia

14:00   O professor discute os blocos constituintes da matéria (atômicos, moleculares e celulares) e a evolução do cérebro humano. A necessidade de "limpeza mental" é tratada em detalhes (ver Capítulo 8).

15:20   Intervalo.

15:40   A terceira meditação é explicada detalhadamente, junto com um método mais rápido para atingir o nível Alfa.

16:10   Os alunos entram em um nível mental ainda mais profundo e alcançam um relaxamento físico ainda maior.

16:40   Intervalo.

17:00   A quarta meditação reforça as três anteriores e antecipa a próxima, a Meditação Dinâmica, que introduz técnicas de resolução de problemas.

17:30   Os alunos, muitos deles mais relaxados do que nunca, compartilham experiências e fazem perguntas.

18:00   Pausa para o jantar.

Noite do primeiro dia

19:00   São descritas três técnicas de resolução de problemas: como dormir sem remédios, como acordar na hora certa sem despertador e como vencer a sonolência e a fadiga. Segue-se um debate.

20:20   Intervalo.

20:40   Durante a quinta meditação, o professor ajuda os alunos a aprender essas técnicas enquanto eles estão nos níveis Alfa e Teta.

21:10   O professor passa a agenda do segundo dia e, em seguida, descreve as técnicas do Controle Mental para programar sonhos e controlar enxaquecas e dores de cabeça tensionais. Seguem-se mais uma sessão de perguntas e um debate.

22:10 Intervalo.

22:30 A sexta meditação encerra o dia em que os alunos aprenderam a meditar em níveis profundos da mente e a usar esses níveis para relaxar e resolver problemas.

Manhã do segundo dia

09:00 O professor descreve brevemente como será o dia e explica como criar e usar a Tela Mental (Capítulo 3). O palestrante então demonstra como dominar os ganchos de memória (Capítulo 5).

10:20 Intervalo.

10:40 O Exercício de Memória é explicado, e a próxima meditação é explicada em detalhes.

11:00 A sétima meditação, durante a qual os alunos utilizam o Aprendizado Rápido (Capítulo 6) para memorizar os ganchos de memória e criar a Tela Mental.

11:40 Intervalo.

12:00 Durante uma aula breve, os alunos aprendem sobre a Técnica dos Três Dedos e como usá-la para melhorar a memória (Capítulo 5) e para acelerar o aprendizado (Capítulo 6).

12:15 A oitava meditação condiciona os alunos à Técnica dos Três Dedos e os ensina a usá-la. A segunda manhã termina com perguntas e respostas e uma discussão geral sobre o que foi feito.

13:00 Pausa para o almoço.

Tarde do segundo dia

14:00 A segunda tarde começa com uma explicação de uma das principais técnicas de resolução de problemas da Meditação Dinâmica: o Espelho da Mente, que é um desdobramento da Tela Mental. Além disso, a turma discute um exercício de aprofundamento, a Levitação Manual, e um método para controlar a dor, a Luva Anestésica. Segue-se uma sessão de perguntas.

15:20 Intervalo.

15:40 Outro período de perguntas e respostas, seguido pela nona meditação, durante a qual os alunos aprendem a usar o Espelho da Mente. Segue-se um debate.

16:40 Intervalo.

17:00 A décima meditação é a mais profunda realizada até então. Nos níveis mais profundos, os ganchos de memória são reforçados e os alunos praticam os exercícios de Levitação Manual e de Luva Anestésica. O período de debate é, em grande parte, um compartilhamento de experiências.

18:00 Pausa para o jantar.

Noite do segundo dia

19:00 Uma palestra trata de diversas crenças e algumas pesquisas sobre reencarnação. A técnica do Copo de Água é explicada como um método para desencadear sonhos que podem resolver problemas.

20:20 Intervalo.

20:40 Após uma breve sessão de perguntas, os alunos aprendem a técnica do Copo de Água.

21:10 O professor explica como usar o Controle Mental para acabar com hábitos indesejados (Capítulo 9).

21:40 Intervalo.

22:00 O professor faz uma prévia dos eventos do terceiro dia e, após um breve período de perguntas e respostas, inicia a 11ª meditação, focada em controle de hábitos. Finalmente, junto com um graduado do Controle Mental, ele pode demonstrar como acontecerá o trabalho de casos no quarto dia. Os alunos saem relaxados e com uma sensação cada vez maior de bem-estar.

Manhã do terceiro dia

09:00   Este dia agitado começa com uma discussão sobre as diferenças entre o Controle Mental e a hipnose, sobretudo no que diz respeito à dimensão espiritual na qual os alunos vão atuar. Perguntas e respostas.

10:20   Intervalo.

10:40   Os alunos são informados de que estão prestes a operar psiquicamente e, como primeiro passo, irão se projetar mentalmente na sala de estar de suas casas e, em seguida, na parede sul desta sala (Capítulo 12).

10:55   Em um estado meditativo bastante profundo, os alunos vivenciam a Projeção Sensorial Efetiva na sala de estar de suas casas e na parede sul dela.

11:40   Intervalo, durante o qual os alunos, cada vez mais entusiasmados, familiarizam-se com os cubos de metal (Capítulo 12).

12:00   O professor explica que os alunos irão se projetar mentalmente em cubos de metal para estabelecer pontos de referência. Na 13ª meditação, eles sentem a cor, a temperatura, o odor e o som dos metais quando tocados.
Segue-se um momento de compartilhamento.

13:00   Pausa para o almoço.

Tarde do terceiro dia

14:00   O professor discute as duas novas experiências previstas para os alunos: projeção em plantas vivas e deslocamento no tempo, para o passado e para o futuro. Segue-se uma análise mais profunda das implicações do Controle Mental.

15:20   Intervalo.

15:40   A 14ª meditação é explicada. Durante esta meditação, os alunos visualizam uma árvore frutífera nas várias estações e, em seguida, projetam-se mentalmente em suas folhas. Segue-se um compartilhamento de experiências.
16:40   Intervalo.
17:00   O professor apresenta outro grande passo: a projeção em um animal vivo.
17:15   Durante a 15ª meditação, os alunos visualizam um animal de estimação e se projetam mentalmente nele. Suas sensações ao entrar nos órgãos dos animais logo serão úteis como pontos de referência no trabalho de casos com humanos. A discussão que se segue costuma ser a mais animada até então.
18:00   Intervalo para o jantar.

Noite do terceiro dia

19:00   Uma palestra prepara os alunos para a clarividência verificável objetivamente, que eles farão no dia seguinte. O primeiro requisito é um laboratório equipado (Capítulo 12).
20:20   Intervalo.
20:40   Os alunos são estimulados a exercitar a liberdade e a imaginação para criar seus laboratórios e seus instrumentos. Durante a 16ª meditação, o laboratório é criado mentalmente. Na maioria dos casos, ele permanece basicamente inalterado anos após o curso e se torna tão familiar para o graduado quanto a sua própria sala de estar. Segue-se um compartilhamento animado de experiências e projetos de laboratório.
21:40   Intervalo.
22:00   Antes do grande dia que está por vir, os futuros médiuns precisarão de seus conselheiros para a consulta no laboratório. O professor explica como evocá-los ou criá-los e, em seguida, responde às perguntas dos alunos.

22:15 A 17ª meditação é memorável: dois monitores aparecem no laboratório e ficarão à disposição sempre que o aluno precisar.

22:45 A discussão final do dia é repleta de surpresas durante o compartilhamento de experiências. Muitos ficam surpresos com quem receberam como conselheiros; outros terão experiências genuinamente psíquicas.

Manhã do quarto dia

9:00 O dia começa com uma palestra sobre mediunidade e cura pela oração, uma prévia dos eventos que estão por vir e uma discussão geral.

10:20 Intervalo.

10:40 Em meditação profunda, os alunos, com a ajuda de seus conselheiros, analisam as partes do corpo de um amigo ou parente para estabelecer, pela primeira vez, pontos de referência no corpo humano.

11:40 Intervalo.

12:00 Durante a 19ª meditação, a última em grupo, os alunos realizam o exame psíquico com um amigo ou parente.

13:00 Pausa para o almoço.

Tarde e noite do quarto dia

14:00 O professor passa aos alunos instruções detalhadas sobre como trabalhar nos casos e, em pares, eles começam a trabalhar, ganhando segurança aos poucos para, por fim, sentir a certeza revigorante de que foram bem treinados para recorrer à Inteligência Superior e operar psiquicamente sempre que quiserem.

Ao ler o texto acima, é provável que você tenha se surpreendido com a frequência de intervalos. Eles têm funções importantes no treinamento. Uma delas é permitir que os alunos tenham tempo para refletir sobre o que vivenciaram. A outra é dar tempo livre para os alunos se conhecerem. Isso serve para desenvolver um poderoso espírito de grupo, uma energia psíquica coletiva que cresce à medida que o curso avança, aumentando a confiança e o sucesso de todos. Também permite que os alunos se aloguem e possam ir ao banheiro. Finalmente, e não menos importante, permite-lhes voltar ao nível Beta, aprofundando ainda mais as meditações seguintes. Por esse motivo, muitos professores chamam os intervalos de "intervalos-beta".

O material das aulas é desenvolvido em grande parte pelos próprios professores, em torno de diretrizes fornecidas pela sede em Laredo. Eles se baseiam em suas próprias origens e experiências. No entanto, todos os exercícios e instruções que os alunos ouvem durante a meditação são transmitidos palavra a palavra, da forma como eu escrevi.

Depois que os alunos se formam, há um curso avançado de três dias ministrado pelo Dr. Wilfred Hahn (Diretor de Pesquisa), Harry McKnight (Diretor Associado), James Needham (Diretor de Treinamento Avançado) e por mim. Este curso apresenta o embasamento intelectual do treinamento de Controle Mental, além de algumas técnicas adicionais.

Muitos centros de Controle Mental oferecem oficinas com projetos próprios. Alguns se concentram em trabalhos com casos, outros em aprimoramento da memória, comunicação subjetiva, cura e criatividade.

Alguns graduados formam suas próprias organizações e se reúnem regularmente nas casas dos membros para se aprofundar nas técnicas meditativas.

A organização do Controle Mental é bastante simples. O Institute of Psychorientology, Inc. é a matriz. O curso é ministrado pela Silva Mind Control International, Inc., em 34 países. Uma de suas divisões, a Silva Sensor Systems, disponibiliza gravações, materiais de apoio e equipamentos de pesquisa para estudantes e graduados e administra a livraria Mind Control. O Institute of Psychorientology, Inc. publica um boletim informativo para graduados e realiza convenções, cursos avançados, seminários e oficinas. A pesquisa do Controle Mental é conduzida pela Psychorientology Studies International, Inc., uma organização sem fins lucrativos. A SMCI Programs, Inc. se concentra em seminários de relaxamento, alguns dos quais usam biofeedback personalizado para executivos.

ANEXO II

Método Silva de Controle Mental e o paciente psiquiátrico

*Clancy D. McKenzie, M.D.,
e Lance S. Wright, M.D.**

Em novembro de 1970, assistimos a uma aula do Método Silva de Controle Mental na Filadélfia porque estávamos curiosos sobre algumas de suas afirmações. Durante o curso, ficou claro para nós que havia três pessoas com certeza perturbadas emocionalmente e uma quarta cuja estabilidade emocional era duvidosa. Qual era o motivo? O curso desencadeou doenças emocionais? Será que eles já estavam doentes quando chegaram? Será que pessoas perturbadas se sentiam atraídas para o curso?

Discutimos as possibilidades entre os nossos colegas, e muitos deles especularam que o curso poderia desencadear psicose aguda em indivíduos instáveis. A hipótese parecia plausível. É comumente aceito que qualquer coisa que facilite a regressão pode provocar psicose aguda em pacientes com essa tendência. Privação sensorial e drogas alucinógenas

---

* Dr. Clancy D. McKenzie, Diretor do Departamento de Orientação Psiquiátrica da Filadélfia, psiquiatra assistente, Centro Psiquiátrico da Filadélfia.
Lance S. Wright, MD, Psiquiatra sênior, Instituto do Hospital da Pensilvânia. Professor Associado de Psiquiatria Infantil, Faculdade de Medicina Hahnemann.

podem causar comportamento psicótico, e mesmo técnicas como biofeedback e hipnose também podem alterar o estado mental. A maioria dos psicanalistas não recomenda a psicanálise formal no divã para pacientes psicóticos por causa da regressão. Ainda não se sabe a importância desse fator de risco, mas há relatos de situações em que esses procedimentos acabaram em psicose.

Em 1972, dois mil alunos de uma escola secundária da Filadélfia passaram pelo treinamento do Método Silva de Controle Mental sem nenhum incidente psiquiátrico, de acordo com um funcionário da escola. Isso despertou a nossa curiosidade por outros motivos. Como os adolescentes já estão em um estado de ego instável, as alegações de que o curso poderia ser perigoso para indivíduos instáveis foram postas em dúvida. Nosso dilema se agravou. Vimos três indivíduos perturbados em um grupo de trinta alunos e não sabíamos se eles haviam melhorado ou piorado. Alguns membros da comunidade científica alegaram que vários deles se tornaram psicóticos. O estudo feito com os alunos da escola secundária indicou que esse não era o caso. Na verdade, alguns de nossos próprios pacientes, mesmo os gravemente perturbados, fizeram o curso e parecem ter se beneficiado muito dele. Uma revisão da literatura mostrou apenas opiniões, mas nenhum estudo real.

Estava claro que a única maneira de proceder era avaliar e testar os indivíduos antes e depois do treinamento. Nos quatro anos seguintes, 189 de nossos pacientes psiquiátricos passaram voluntariamente pelo treinamento do Método Silva de Controle Mental enquanto faziam terapia. Destacamos um grupo de 75 pacientes diagnosticados como psicóticos, borderline ou com psicose em remissão antes de entrarem no curso. Chamamos esse grupo de gravemente perturbado. Em algum momento de suas vidas, sessenta deles tiveram surtos psicóticos ou foram hospitalizados.

Dentre os 75 pacientes, estavam todos os do grupo gravemente perturbado que frequentavam o consultório de McKenzie nos últimos quatro anos e que concordaram em participar do curso (66 pacientes) e uma amostra que frequentava o consultório de Wright, ao longo dos últimos quatro anos (nove pacientes). Havia sete pacientes gravemente perturbados que se recusaram a fazer o curso, mesmo sendo gratuito. Eles não eram mais perturbados do que os pacientes que fizeram o curso. Entre os pacientes que fizeram o curso, estavam os mais perturbados. Os pacientes que se recusaram a fazer o curso tendiam a ter pensamentos mais rígidos e inflexíveis. É de se presumir que eles não representariam os pacientes que teriam dificuldades durante o curso, porque era provável que sequer começassem a cursá-lo.

De início, os pacientes do grupo gravemente perturbado foram encaminhados um a um para o curso, com muita cautela. Durante a parte inicial do curso, os pacientes tiveram um período de remissão. No entanto, ao longo do curso, os pacientes tiveram períodos menos estáveis. Ao final de um período de quatro anos, dezessete foram enviados para fazer o curso enquanto estavam ativamente psicóticos e delirantes, e algumas vezes havia dez ou mais desses alunos fazendo o curso ao mesmo tempo.

Além de avaliação e tratamento psiquiátrico contínuos, 58 dos 75 alunos responderam ao questionário Inventário do Mundo Experimental antes e depois do curso. Trata-se de um questionário de quatrocentos itens que serve para medir a percepção da realidade do paciente. Os médicos El-Meligi e Osmond, autores do questionário, tentaram fazer um teste de Rorschach na forma de perguntas e respostas e chegaram a um teste sensível para indivíduos marginalizados.

O objetivo principal do estudo foi descobrir quais pacientes poderiam ficar mais perturbados com o treinamento. Nesse sentido, os resultados foram surpreendentes, porque apenas um paciente ficou notavelmente mais perturbado após o curso. Era um paciente esquizofrênico catatônico de 29 anos que, duas semanas após o início do curso, ficou transtornado ao parar de tomar a medicação e começar a namorar pela primeira vez na vida. Ele também foi o único paciente que teve uma pontuação consideravelmente inferior no questionário após o curso. Ele não precisou de internação.

Dois outros pacientes, um que havia passado por um episódio de depressão psicótica e um com depressão involutiva, mostraram aumento na depressão após o curso, talvez por comparação à forma como eles se sentiram durante o treinamento. Houve um contraste marcante entre a sensação de euforia durante o curso e o estado depressivo em que eles se encontravam, e a experiência foi como a de livrar a pessoa de uma dor de cabeça que ela teve por toda a vida. Se ela voltasse, seria mais perceptível. No entanto, esses pacientes tiveram uma pontuação melhor no questionário posteriormente e puderam tirar benefício do treinamento. O paciente deprimido involutivo conseguiu usar a programação do Controle Mental naquela mesma semana para controlar a sua ansiedade no trabalho, enquanto a pessoa com histórico de depressão psicótica conseguiu lidar com questões na terapia que antes não conseguia.

Vinte e seis outros pacientes depressivos, inclusive dos tipos involutivo, psicótico, esquizoafetivo e maníaco-depressivo, ficaram muito menos depressivos após o curso e não apresentaram efeitos adversos.

Uma mulher relatou um súbito sentimento de tristeza durante um dos relaxamentos. Um homem, não incluído entre os 75, desistiu após o segundo dia de curso porque teve flashbacks de experiências desagradáveis no Vietnã. Seu estado não foi considerado pior do que quando começou, mas ele não voltou para realizar uma avaliação mais aprofundada. (O relaxamento coloca as pessoas em contato com seus sentimentos. Normalmente, como o grupo tem bom humor e um foco positivo, os sentimentos são de cordialidade e amor, mas, em raras ocasiões, as pessoas sentem tristeza e evocam lembranças infelizes.)

Outro paciente (não do grupo de distúrbios graves) estava com medo do que seria feito no último dia do curso e, após um pesadelo, faltou no último dia.

Um esquizofrênico paranoico de trinta anos demonstrou grande efervescência, de proporções quase ciclotímicas, após o curso. Ele testou várias técnicas de controle mental para pensar no que faria da vida e passou muitas horas avaliando as possibilidades de acordo com os sonhos programados. Isso foi visto como um aumento da defesa compulsiva. No entanto, depois de muito avaliar, ele acabou voltando à universidade para obter seu doutorado. Ele também conseguiu falar sobre um sistema delirante que vivenciou vários anos antes, em que achava que havia sido enviado telepaticamente em uma missão para matar alguém. Se ele não tivesse feito o curso, essa questão talvez nunca tivesse vindo à tona para ser resolvida.

Em comparação aos efeitos negativos do curso, que foram relativamente poucos e menores, seria preciso um livro inteiro apenas para descrever os efeitos e resultados positivos. A descoberta mais consistente foi inesperada. Em quase todos os casos, houve aumento na percepção da realidade. Dos 58 que responderam ao questionário, um apresentou piora considerável, 21 permaneceram praticamente iguais e 36 demonstraram aumento impressionante na percepção da realidade. Dos 21 que permaneceram praticamente iguais, 15 marcaram pontuações que se aproximaram da direção saudável.

As pontuações médias das primeiras vinte mulheres que fizeram o curso foram enviadas ao Dr. El-Meligi, coautor do questionário. Ele elogiou as mudanças drásticas que ocorreram após o treinamento do Método Silva de Controle Mental e disse que, em algumas categorias, as pontuações antes e depois eram comparáveis às de uma pessoa durante e após uma crise psicodélica ruim (veja os gráficos A e B). Houve melhora consistente em todas as onze categorias. As pontuações individuais foram ainda mais impressionantes (gráficos E, F e G). A pontuação composta dos 50% dos homens e mulheres que mais melhoraram estão indicadas nos gráficos C e D. Acredita-se que nenhum tipo de psicoterapia convencional poderia causar tantas mudanças em uma única semana. Na verdade, seriam necessários meses ou anos de terapia para chegar a esse resultado.

As pontuações de uma mulher paranoide involutiva mudaram tanto após uma semana de curso quanto em outra ocasião em que ela passou por onze tratamentos de eletrochoque e doze semanas de hospitalização. Após o curso de uma semana, ela conseguiu pegar um ônibus sozinha pela primeira vez em quatro anos.

Outra mulher, esquizofrênica paranoica e agudamente delirante, manteve alguns pensamentos delirantes após o curso, mas passou a conseguir entrar repetidas vezes em seu "nível de controle mental" para analisar esses pensamentos e, a cada vez, chegar a um raciocínio claro e racional.

Outra mulher, com esquizofrenia indiferenciada aguda, estava muito perturbada e não conseguiu preencher o formulário. Ela pôde escolher: tratamento de choque ou controle mental. Ao final do curso, houve melhora clínica e ela não só conseguiu preencher o questionário como pontuou muito bem.

Outra mulher, hipocondríaca com histórico de vinte cirurgias, estava prestes a fazer outra operação. Enquanto os médicos examinavam seu coração e seus rins, ela usou uma técnica de Controle Mental para programar um sonho que diagnosticou uma obstrução intestinal na válvula ileocecal. Ela descobriu no mesmo sonho que fora ela que havia produzido a obstrução e identificou como e por quê. As técnicas de Controle Mental permitiram que ela liberasse a obstrução de imediato, sem explicação, uma hora após o diagnóstico ter sido confirmado no hospital. A localização exata da obstrução foi confirmada por registros de cirurgias anteriores.

Outra mulher, de 21 anos, muito distraída, estava com risco de se suicidar e nas fases iniciais de uma psicose aguda. A paciente nos garantiu que não havia nada que pudéssemos fazer para ajudar e que ela provavelmente iria se matar. Nós recomendamos que ela fizesse o curso de Controle Mental, sob cuidadosa monitoração. Para nossa surpresa, ela ficou mais calma, mais racional, seu pensamento não devaneava mais de um lado para o outro e ela ficou menos pessimista. Nem a hospitalização e altas doses de medicamentos poderiam tê-la acalmado da mesma forma. Ela repetiu o curso duas semanas depois e melhorou ainda mais. Ela havia mudado drasticamente para melhor.

Outro indivíduo muito delirante, que pensou que conseguia encolher pessoas, fez o curso durante seu período de internação, voltando todos os dias para o hospital. Embora ele continuasse achando que poderia encolher as pessoas, ficou perceptivelmente mais calmo, o afeto melhorou, outras partes do sistema delirante começaram a desaparecer e ele não passava mais horas ruminando sobre o significado de simples parábolas. Ele fez o curso durante a sexta semana de internação e as mudanças foram mais drásticas do que nas cinco semanas anteriores. (Ver gráfico E.)

Uma mulher paranoica involutiva voltou ao normal após o curso. Vários outros passaram a compreender melhor suas doenças por conta de momentos que vivenciaram no curso.

Clinicamente, todo o grupo gravemente perturbado mostrou uma mudança impressionante. Apenas uma pessoa apresentou maiores perturbações. Todas as outras se beneficiaram em algum grau com o treinamento. Houve aumento na energia emocional e melhora nas respostas afetivas após o curso. Muitas pessoas com afeto plano demonstraram entusiasmo pela primeira vez. Elas passaram a ter uma visão mais positiva sobre o futuro e algumas passaram a compreender melhor seus próprios processos psicóticos. Mesmo algumas que continuaram tendo pensamentos delirantes conseguiram avaliar seu raciocínio no "nível do controle mental" e chegar à clareza e à compreensão.

Observaram-se maior tranquilidade e diminuição da ansiedade. Os pacientes aprenderam a usar seus próprios recursos internos para entender, enfrentar e resolver problemas e, ao conseguir fazer isso, ganharam mais autoconfiança.

Alguns dos pacientes que tiveram episódios psicóticos descobriram que a doença havia aumentado sua capacidade de funcionar em um estado alterado de consciência, e isso deu mais significado à doença prolongada e às suas vidas.

Os 114 pacientes neuróticos não apresentaram efeitos clínicos negativos. Seis deles responderam ao questionário. As pontuações deles melhoraram, mas não tanto quanto as do grupo gravemente perturbado, porque as primeiras pontuações já estavam mais próximas do limite saudável da escala. Invariavelmente, os pacientes neuróticos pareceram se beneficiar do treinamento do Método Silva de Controle Mental. Os pacientes que continuaram a praticar as técnicas após o curso conseguiram ter uma mudança significativa de vida, e mesmo os pacientes que não seguiram praticando com constância puderam usá-las em momentos de crise pessoal, quando tiveram de lidar com situações de estresse ou tomar decisões importantes. Todos sentiram uma experiência de expansão mental, uma revelação de que eles poderiam usar a mente de outras formas. O entusiasmo do grupo aumentou ao final do curso, e a maioria das pessoas sentiu que a energia emocional havia se elevado e se tornado mais positiva.

Em geral, tanto os grupos neuróticos quanto os psicóticos melhoraram após o curso, conforme demonstrado no exame psicológico e observado clinicamente. Apenas um dos 189 pacientes apresentou piora considerável.

II

Os dados de qualquer pesquisa devem ser avaliados à luz de todas as condições observadas, dos testes e dos critérios utilizados e do cuidado que se tem com o estudo. Portanto, tentaremos apontar todos os fatores de que temos conhecimento que possam ter influenciado o resultado.

Como pesquisadores, queríamos saber qual efeito o treinamento teria sobre os indivíduos perturbados. Como médicos, queríamos que todos os nossos pacientes ficassem bem. Sem dúvida, isso teve certa influência no resultado, pois os pacientes sentiram isso. Acreditamos que o nosso otimismo foi sentido de alguma forma e isso faz parte da nossa iniciativa terapêutica diária.

Inicialmente, com alguns dos pacientes psicóticos, esperamos até que estivessem bem estabilizados antes de encaminhá-los para o curso, mas alguns pacientes acabaram sendo enviados em estados psicóticos agudos.

O questionário foi projetado para servir como um indicador sensível da percepção da realidade, e descobrimos que as pontuações correspondiam aos resultados clínicos. O Dr. El-Meligi confirmou que as nossas observações clínicas eram compatíveis com as mudanças refletidas pelas escalas do questionário. O único paciente que ficou consideravelmente mais perturbado foi o único cuja pontuação consideravelmente piorou. Os pacientes cujas pontuações melhoraram de maneira drástica e consistente também mostraram notável melhora clínica.

Os autores do questionário acreditam que o teste pode ser repetido diversas vezes. Em um primeiro momento, não testamos se as alterações observadas estavam relacionadas a algum fator de repetibilidade. Tentamos aplicar o teste na semana anterior e na semana seguinte ao treinamento, mas nem sempre foi possível. Mais recentemente, em sete casos, o teste foi aplicado duas vezes na semana anterior e uma vez na semana posterior, para determinar se havia algum fator de repetibilidade. A proporção de respostas "erradas" nos três testes foi de 100:92:65.

Assim, a diferença entre os dois primeiros testes foi nominal em comparação com a mudança após o treinamento do Método Silva de Controle Mental.

Contrabalançando qualquer fator de repetibilidade, pesa o fato de que já se esperava que muitas respostas dadas depois rendessem pontos negativos, diferente das respostas dadas antes do treinamento. Por exemplo, duas das perguntas eram: "Você pode ler a mente das pessoas?" e "Você teve alguma experiência religiosa recentemente?" Uma resposta afirmativa para qualquer uma dessas perguntas renderia um ponto negativo. O curso ensina as pessoas a operarem psiquicamente, e a maioria das pessoas tem certeza de que passam por uma PES, enquanto outras sentem que a experiência é quase religiosa. Assim, poderíamos esperar um desempenho pior após o curso, não melhor.

Resumindo a questão da confiabilidade do questionário, um dos fatores de repetibilidade foi nominal e contrabalançado por outro fator que causou uma piora na pontuação. O teste foi considerado sensível e confiável, e os resultados foram compatíveis com a avaliação clínica, bem com a forma como os pacientes se sentiram subjetivamente.

Para o propósito do estudo, decidimos que qualquer pessoa que chegasse a nós perturbada dentro de um período de três semanas após o curso seria considerada uma perda, havendo ou não outros fatores que pudessem contribuir para a doença.

No grupo de 75 pacientes altamente perturbados acompanhados por um período de três semanas, era esperado que alguns ficassem mais perturbados. Isso poderia acontecer mesmo se eles estiverem em tratamento e não fossem expostos a uma experiência regressiva. O fato de que todos os pacientes estavam em tratamento no momento deste estudo e às vezes recebiam orientações e conforto sem dúvida ajudou e possivelmente impediu o surgimento das doenças. Mas acreditamos que essa terapia de apoio não poderia, por si só, explicar as drásticas mudanças positivas que ocorreram.

III

Segundo a nossa experiência, a doença psicótica aguda tem origem precoce, em uma relação patológica mãe-bebê nos primeiros dois anos de vida, muitas vezes reforçada por algum trauma subsequente. Essa predisposição requer um fator precipitante na vida atual da pessoa que a faça regredir e reviver os sentimentos e a realidade daquele passado distante. Normalmente, o fator precipitante é uma rejeição severa ou separação de uma pessoa importante. A causa é precoce. O fator precipitante é atual. Além disso, pode haver um mecanismo facilitador, como drogas alucinógenas, contato com a família de origem e outros processos que favoreçam a regressão. Assim, diferenciamos entre (1) origem ou predisposição, (2) fator precipitante e (3) mecanismos facilitadores. A psicose pode ser comparada à maioria dos processos naturais que têm uma origem, um mecanismo de gatilho e um mecanismo facilitador.

Todos os psicóticos que tratamos adoeceram por causa de uma rejeição, separação, ameaça de perda (real ou imaginária), diminuição da atenção etc., que desencadeou um medo de abandono inconsciente. Em várias centenas de pacientes psicóticos nos últimos dez anos, os autores não se lembram de nenhum paciente que não tenha passado por algum tipo de perda ou separação, mesmo que apenas implícita. O catatônico de 29 anos que piorou durante o estudo, por exemplo, estava em conflito com a mãe, pois achava que ela desaprovaria seu namoro. Isso serviu como causa precipitante, desencadeando uma regressão ao seu primeiro ano de vida, quando ele sentia a desaprovação como abandono e morte iminente.

Se o curso do Método Silva de Controle Mental causasse psicose, estaria agindo como um mecanismo facilitador, que deveria ser combinado com uma causa precipitante em uma pessoa vulnerável. Não nos lembramos de ter visto nenhum paciente cujo processo psicótico tenha sido causado apenas por um mecanismo facilitador. Embora não duvidemos que seja possível, deve ser relativamente raro.

IV

O que é o Método Silva de Controle Mental?

O Método Silva de Controle mental é um curso de quarenta horas composto por trinta horas de aulas e dez horas de exercícios mentais. Os exercícios mentais não apenas ensinam as pessoas a relaxar a mente e o corpo, como incluem outras abordagens, como o biofeedback e a Meditação Transcendental, indo ainda um passo além. Eles ensinam as pessoas a operar mentalmente quando entram em nível de relaxamento.

O curso todo consiste em técnicas para usar a mente de maneiras benéficas. Depois de passarmos pela experiência e testemunharmos muitas pessoas fazendo uso dessas técnicas, não temos dúvidas de que a mente é capaz de funcionar melhor quando a pessoa usa técnicas específicas em um estado de alerta e relaxamento. É um estado semelhante ao que Sigmund Freud descreveu em seu artigo sobre a escuta; ao estado em que Brahms entrava para compor ou ao estado que Thomas Edison descreveu para criar novas ideias.

O curso ensina um método rápido e fácil para chegar a esse nível de relaxamento a qualquer momento. Os alunos praticam a visualização, a imaginação e o pensamento nesse nível de consciência, até que aprendem a funcionar mentalmente nele. Eles usam uma gama mais ampla de atividades cerebrais para uso consciente e têm uma consciência expandida. Em vez de apenas sonhar acordados quando estão relaxados, podem usar a mente de forma eficaz nesse nível. Durante o estado de sono leve, conseguem manter a consciência e usar a mente nesse nível também. Em vez de sonhar apenas à noite, conseguem usar o estado de sonho para resolver problemas e chegar a respostas que a mente não consegue em nenhum outro momento.

Quando as pessoas aprendem a operar mentalmente em um nível mais profundo de relaxamento da mente e do corpo, a criatividade é potencializada. A memória melhora, e as pessoas conseguem resolver problemas com mais facilidade. No estado alterado, elas conseguem direcionar a mente para fazer o que desejam, e, assim, torna-se mais fácil controlar hábitos como o tabagismo.

A prática contínua no nível de relaxamento também surte efeito nos processos cotidianos de pensamento, ou seja, as pessoas conseguem acessar aquele "nível" sem estar nele de fato, como um músico que não precisa mais se concentrar na música para saber quando uma nota errada é tocada.

A mente tem enormes capacidades, mas, no nível normal de funcionamento, ela é bombardeada com frequência por vários estímulos ao mesmo tempo: pensamentos, desejos, necessidades, vontades, ruídos, luzes, pressões, conflitos, tensões de todos os tipos. A mente não é livre para direcionar mais de dez por cento de sua atenção para qualquer coisa. No nível de relaxamento, é diferente. Mas as pessoas tendem a acessar esse nível apenas quando estão adormecendo, sem praticar o uso da mente. Na maioria das vezes, elas nem sabem que ele existe e pode ser usado.

A partir do momento em que a pessoa sente os resultados obtidos nesse nível de consciência, ela nunca mais tenta tomar decisões importantes ou resolver problemas sem usá-lo.

Contudo, o ponto mais importante é que o curso ensina os alunos a usarem esse nível da mente. Além de ensinar as pessoas a pensar em estado de relaxamento, ele ensina técnicas especiais para controlar hábitos, resolver problemas, alcançar metas, melhorar a memória, cuidar da saúde, controlar a dor, o sono e os sonhos etc.

Controle Mental não é hipnose, mas sim uma espécie de auto-hipnose. As pessoas aprendem a atingir uma atenção mais plena, talvez porque a mente deixe de ser bombardeada por tantos estímulos externos quando está relaxada. Com essa atenção mais plena, elas são capazes de direcionar a mente para fazer o que desejam.

Outra parte importante do curso é aprender a repetir frases benéficas para si mesmo enquanto estiver no nível de relaxamento mente-corpo. Acredita-se que isso tenha um efeito poderoso. O pensamento positivo é sempre valioso, mas o pensamento positivo no estado relaxado é ainda mais.

A última parte do curso trata de parapsicologia. Quase todas as pessoas relatam que tiveram experiências de PES durante o curso. É tão comum, que o Controle Mental garante um reembolso total se os alunos não sentirem que tiveram experiências de clarividência no último dia.

V

Por que o Controle Mental ajuda pacientes psiquiátricos?

No início do estudo, paramos de especular sobre por que o Controle Mental poderia prejudicar os pacientes psiquiátricos e concentramos a nossa atenção nos benefícios.

Não temos todas as respostas, mas achamos que estamos em condições melhores para especular do que outros que não avaliaram cuidadosamente os pacientes antes e depois do treinamento.

A mobilização de energia pode ser um fator importante. Freud disse em "Análise terminável e interminável" que, no futuro, a eficácia de uma terapia poderia depender principalmente da mobilização de energia. As pessoas ficam bastante energizadas ao final do curso.

A atitude positiva e o otimismo gerados no curso parecem ter um efeito benéfico nos pacientes. Dizer a si mesmo frases benéficas no nível de relaxamento pode programar a mente de uma forma que ultrapassa o simples pensamento positivo.

O relaxamento reduz a ansiedade, diminuindo, portanto, a sintomatologia. Uma pessoa não consegue estar em um estado mental e corporal relaxado e ser extremamente ansiosa ou conflituosa ao mesmo tempo. Acredita-se que o funcionamento nesse nível produza um efeito residual de relaxamento ao longo do dia, conforme observado na Meditação Transcendental.

O ânimo do grupo no curso de Controle Mental é elevado, e as pessoas sentem mais cordialidade e amor enquanto estão no nível de relaxamento. Talvez a energia do amor desempenhe um papel importante. As pessoas apaixonadas geralmente não se aborrecem com coisas que poderiam incomodá-las.

Como as pessoas no nível relaxado não entram em tantos conflitos, as primeiras defesas de distanciamento emocional deixam de ser necessárias. Portanto, o afeto é otimizado. As pessoas se aproximam mais de seus sentimentos e de suas realidades.

Eles usam uma gama mais ampla de atividades cerebrais para testar a realidade. A percepção é aprimorada no nível de relaxamento da mente e do corpo, e elas passam a ter um pensamento e um julgamento mais claros.

Técnicas especiais ajudam os pacientes a resolver alguns de seus problemas, e eles se sentem capazes de se programar para que o relaxamento e a sensação de bem-estar durem o dia todo. Como podem confiar mais em seus próprios recursos internos, eles passam a sentir mais confiança. Os terapeutas confiam nas respostas que obtêm no estado alterado, e isso aumenta a confiança dos pacientes.

Há outro fenômeno que acontece no grupo. Os sentimentos positivos do grupo são contagiantes e atingem até os pacientes mais perturbados.

A parte parapsicológica do curso ajudou alguns dos pacientes perturbados de uma forma inesperada. Muitos que foram levados aos confins da mente relataram experiências paranormais que a psicoterapia não explicava. Foi apenas na parte parapsicológica do curso que eles conseguiram entender. Um dos propósitos declarados da psicoterapia profunda é trazer para o nível consciente aquilo que antes era inconsciente. Expandir o alcance da consciência e explorar os aspectos parapsicológicos da mente serviram a esse mesmo propósito. Os pacientes se sentiram aliviados ao conhecer esse aspecto de seus processos mentais e descobriram que ele era real e aceito.

Como a doença emocional os fez vivenciar fenômenos paranormais, isso acrescentou significado às suas doenças prolongadas e deu mais significado às suas vidas.

O terapeuta aprendeu a aplicar técnicas de Controle Mental à psicoterapia, ajudando ainda mais os pacientes.

VI

Resumo e conclusões:

Setenta e cinco pacientes altamente perturbados foram enviados ao treinamento Silva de Controle Mental para que pudéssemos entender quais deles poderiam ter dificuldades. Apenas um ficou notavelmente mais perturbado. A descoberta mais importante foi um drástico aumento na percepção da realidade, conforme observado clinicamente e em testes psicológicos objetivos.

É importante notar que todos os pacientes perturbados de uma clínica psiquiátrica foram convidados a fazer o curso, o que significa que foi utilizada uma amostragem completa de uma população de pacientes psiquiátricos. Ninguém foi impedido de fazer o curso. Portanto, os resultados não se aplicam apenas a alguns poucos indivíduos selecionados.

O Método Silva de Controle Mental não é uma psicoterapia. Ele pode ser usado como uma ferramenta em qualquer psicoterapia, especialmente se o terapeuta estiver familiarizado com o método e não se opuser aos seus conceitos. Ele ensina o paciente a desenvolver formas mais eficazes de usar a mente e a se dedicar a qualquer terapia que fizer.

Os psicóticos foram beneficiados de uma forma tão dramática (pelo menos durante o tratamento e quando o psiquiatra entende o curso) que o Dr. McKenzie agora insiste que todos os seus pacientes psicóticos façam o curso enquanto estão sob seus cuidados e supervisão.

Em virtude da drástica melhora na situação da maioria dos indivíduos perturbados, e como o treinamento pode ser aplicado a grandes grupos de uma só vez, os autores preveem que ele pode ser aplicado como forma auxiliar de tratamento em um ambiente hospitalar.

O curso foi considerado seguro e potencialmente benéfico para neuróticos. Ele se mostrou relativamente seguro e definitivamente benéfico para indivíduos altamente perturbados, quando sob os cuidados de um psiquiatra familiarizado com o programa. Dados psicológicos clínicos e objetivos mostram que os benefícios superam em muito qualquer possível efeito negativo.

QUADRO A:

Diferença média nas pontuações T antes e depois do treinamento no Método Silva de Controle Mental, para 38 mulheres do grupo altamente perturbado.

Houve melhorias nas onze escalas, inclusive na de euforia. Uma pontuação mais baixa indica melhoria, exceto na escala de euforia, em que uma pontuação mais alta indica que o paciente se sente melhor e está mais otimista.

As escalas são as seguintes: 1. *Percepção sensorial* consiste em itens que descrevem o mundo externo por meio da experiência sensorial direta, utilizando todas as modalidades sensoriais. 2. *Percepção do tempo* mostra os fenômenos relacionados ao tempo subjetivo em quatro categorias: mudança na experiência do fluxo do tempo; descontinuidade temporal; orientação, inclusive a forma como o paciente se relaciona com o passado, o presente e o futuro; idade percebida ou consciência da própria idade e identificação ou alienação à própria geração. 3. *Percepção corporal* abrange três aspectos da vivência corporal: aspectos emocionais, queixas hipocondríacas, aspectos perceptivos. 4. *Autopercepção* inclui tendências emocionais para a expressão da autoestima e problemas de identidade. 5. *Percepção dos outros* é representada por cinco padrões diferentes: desumanização das pessoas, atribuição de poderes incomuns às pessoas, sentimentos de mudança, ideias de referência, tendências antropomórficas no relacionamento com animais. 6. *Concepção* se concentra na patologia tal como refletida na experiência do próprio processo ou conteúdo de pensamento e inclui várias categorias, como: déficit no processo de pensamento, desorganização, mudança nos hábitos de pensamento ou ideologia, onipotência intelectual, mudança no ritmo de pensamento e presença de ideias bizarras. 7. *Disforia* atinge três níveis de afeto disfórico: somático, emocional e intelectual. Além disso, inclui itens relacionados ao desejo de morte e tendências autodestrutivas. 8. *Regulação do impulso* contém itens que enfatizam déficits de volição ou vontade como experiência, em oposição à perda real de controle. As três classes de fenômenos representadas são: manifestações de hipertonicidade; inibição de trabalho e dificuldade para tomar decisões, compulsividade e inação; impulsos antissociais, associais ou bizarros.

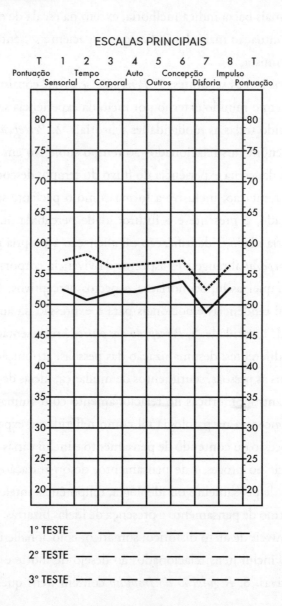

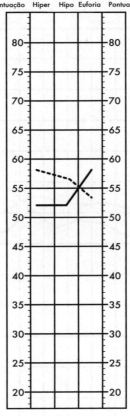

QUADRO B

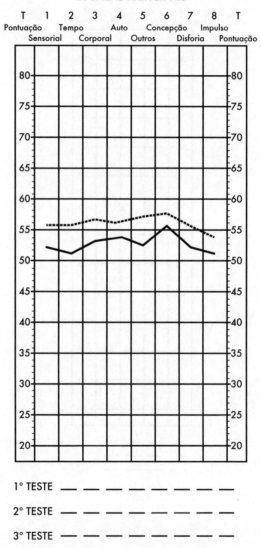

Diferença média nas pontuações T antes e depois do treinamento no Método Silva de Controle Mental, para vinte homens do grupo altamente perturbado.

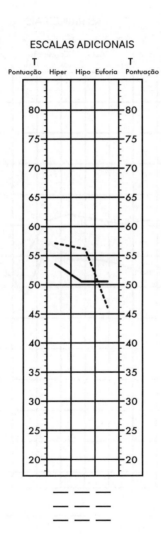

QUADRO C

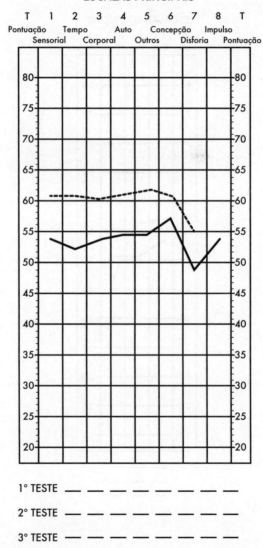

Diferença média nas pontuações T para dezenove das 38 mulheres no grupo altamente perturbado cujas pontuações tiveram alterações mais significativas.

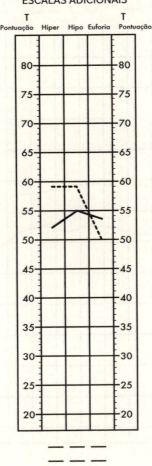

QUADRO D:

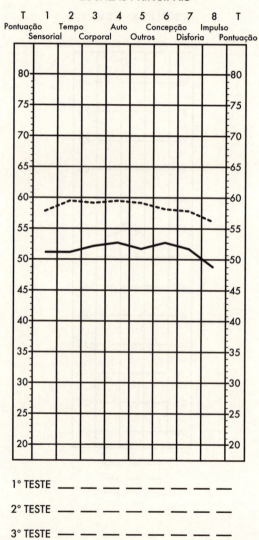

Diferença média nas pontuações T para dez dos vinte homens no grupo altamente perturbado cujas pontuações tiveram alterações mais significativas.

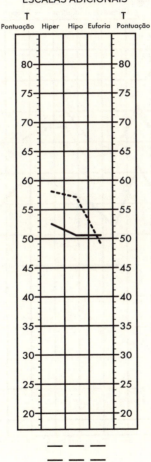

QUADRO E:

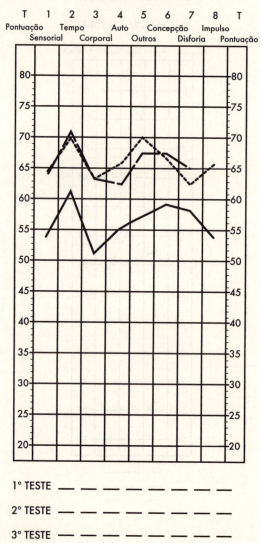

ESCALAS PRINCIPAIS

T 1 2 3 4 5 6 7 8 T
Pontuação Tempo Auto Concepção Impulso
Sensorial Corporal Outros Disforia Pontuação

1° TESTE —— —— —— —— —— —— —— —— ——
2° TESTE —— — —— — —— — —— — ——
3° TESTE — — — — — — — — —

Um paciente psicótico agudo fez o teste duas vezes na semana anterior e uma vez na semana posterior ao curso de Controle Mental. Observe a semelhança das duas pontuações antes do treinamento, em comparação com a pontuação após o treinamento.

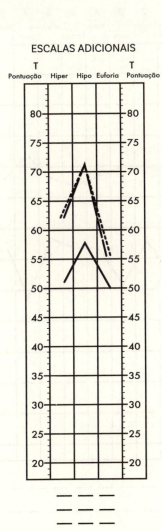

QUADRO F:

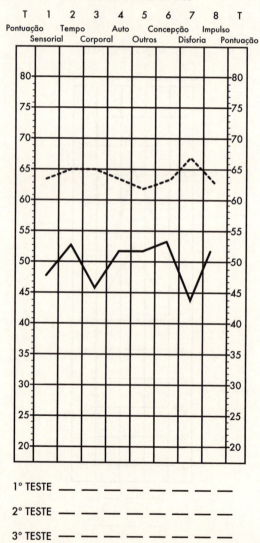

Outro paciente do grupo altamente perturbado testado na semana anterior e na semana seguinte ao treinamento do Método Silva de Controle Mental.

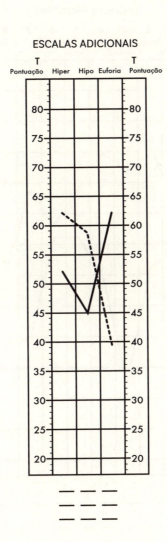

QUADRO G:

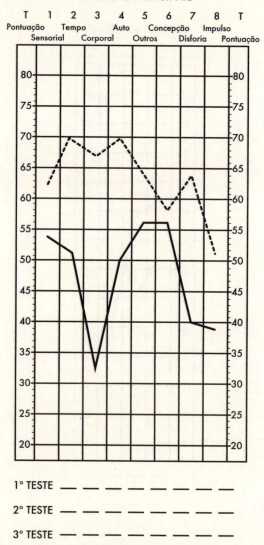

Outro paciente do grupo altamente perturbado testado na semana anterior e na semana seguinte ao treinamento do Método Silva de Controle Mental.

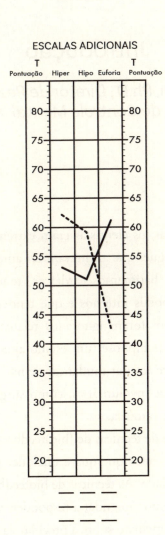

ANEXO III

Introdução

J. W. Hahn, Ph.D., Diretor de Pesquisa do Método Silva de Controle Mental Internacional

Até pouco tempo atrás, os cientistas eram extremamente críticos em relação a relatos de iogues que afirmavam ter aprendido a regular por vontade própria seus batimentos cardíacos, temperatura corporal e outros processos corporais internos e que tendem a ser tidos como involuntários. Também foram ignorados relatos de indivíduos que em estado profundo de hipnose (um estado alterado de consciência) poderiam, por sugestão, causar mudanças de natureza fisiológica normalmente consideradas involuntárias, como surgimento de feridas e controle da frequência cardíaca.

Com a introdução de técnicas de (bio)feedback, os cientistas reconheceram nos últimos anos que quase qualquer processo interno do corpo pode ser controlado. As técnicas de biofeedback são baseadas no princípio de que podemos aprender a responder corretamente se recebermos um feedback imediato sobre a precisão da resposta ou sobre se estamos nos aproximamos da resposta correta.

Usando recompensas como um dispositivo de feedback em animais, o psicólogo Dr. Neal Miller, da Rockefeller University, demonstrou que é possível controlar voluntariamente mudanças na frequência cardíaca. O Dr. Elmer Green, da Fundação Menninger, mostrou que, usando o biofeedback, os humanos podem aprender a controlar a temperatura de cada uma das mãos: uma quente, a outra fria.

Após os experimentos de biofeedback de ondas cerebrais do Dr. Kamiya, do Langley Porter Neuropsychiatric Institute, pesquisadores mostraram que esses métodos são eficazes para ensinar os indivíduos a controlar voluntariamente o ritmo alfa de suas ondas cerebrais (8-13 Hz).

Outras técnicas menos laboratoriais também foram usadas para controlar os órgãos internos do corpo. Por exemplo, a técnica da meditação transcendental tenta produzir um relaxamento dos órgãos internos, inclusive do cérebro.

Outro sistema por meio do qual os sujeitos conseguem relaxar e controlar as ondas cerebrais é o Método Silva de Controle Mental. Pessoas que fizeram os cursos Silva de Controle Mental relatam uma sensação de relaxamento profundo e a crença de que conseguem controlar suas ondas cerebrais. Essas afirmações foram testadas em 1971 pelo dr. FJ Bremner, psicólogo da Trinity University, de San Antonio, Texas. Verificou-se que pessoas que passaram pelo treinamento de fato conseguiam controlar suas ondas cerebrais e produzir o ritmo alfa quando quisessem. Isso ficou comprovado em um estudo no qual um grupo de vinte estudantes não treinados se ofereceu para participar de um experimento de controle de ondas cerebrais. Metade dos alunos foi treinada com um método semelhante ao de condicionamento pavloviano. Ou seja, quando os sujeitos ouviam um clique, significava que uma luz estroboscópica provocaria uma resposta de frequência alfa no eletroencefalograma (EEG). Logo, o clique também induziu o padrão de frequência alfa na leitura do EEG dos sujeitos.

Os outros dez sujeitos foram treinados por meio do Método Silva de Controle Mental. Ambos os grupos mostraram mudanças no EEG conforme previsto, ou seja, ambos os grupos aumentaram o percentual de frequência alfa em seus EEGs.

Mais tarde, foi realizado um segundo experimento usando sujeitos com experiência considerável no método Silva. Esses sujeitos conseguiam iniciar e parar as respostas de frequência alfa quando quisessem e conseguiam manter uma conversa enquanto geravam o ritmo alfa. Foi realizado mais um teste nesses sujeitos mais experientes. Como esses sujeitos também tinham experiência considerável em exercícios de PES (trabalho de caso), os EEGs foram feitos enquanto eles realizavam os exercícios de PES. Os padrões desses EEG também mostraram alta incidência de frequência alfa.

Com base nesses estudos, pode-se inferir que, com o treinamento, as pessoas conseguem exercer um controle voluntário significativo sobre seus órgãos internos. Isso também vale para o cérebro, se aceitarmos suas respostas elétricas como um indicador de atividade. Também se sugere que são necessárias mais pesquisas para determinar a correlação dos estados fisiológicos e mentais ou emocionais e os protocolos de treinamento necessários para atingir o máximo proveito da autorregulação psicofisiológica voluntária.

Pesquisas sobre a fisiologia do cérebro podem estar contribuindo para a melhor compreensão do significado do Método Silva de Controle Mental, conforme relatado pelo neurobiólogo Dr. Rodger W. Sperry e seus colegas de Los Angeles. Esses e outros cientistas desenvolveram evidências laboratoriais e clínicas da existência de dois tipos distintos de consciência que funcionam de modo separado, mas simultâneo, dentro do cérebro humano. Um dos tipos de consciência lida com atividades de pensamento sequenciais e lógicas, como a matemática e a fala. Funcionalmente, ela é um produto do hemisfério esquerdo do cérebro. O outro tipo de consciência está associado ao hemisfério direito e é responsável pelo pensamento intuitivo, holístico e criativo, que aprecia a espacialidade e a música.

A consciência do hemisfério esquerdo domina a maior parte da nossa vida cotidiana e é favorecida inclusive pelo sistema educacional, bem como pelas atitudes sociais do mundo ocidental. É objetivamente orientado e tende a ser associado à geração de intensa atividade de ondas cerebrais beta. A consciência do hemisfério direito parece ser primordialmente subjetiva, não é tão levada em consideração na nossa educação e se exprime sobretudo pelas artes. Costuma ser acompanhada pela emissão de ondas cerebrais alfa ou teta.

O Método Silva de Controle Mental treina indivíduos para manter a fala e outras atividades de pensamento típicas de Beta no nível Alfa, bem como entrar em Alfa para desencadear processos de pensamento de natureza criativa e intuitiva como parte de um esforço *deliberado* para distribuir de uma maneira mais igualitária as funções entre os hemisférios esquerdo e direito. Ele ajuda a equilibrar uma preocupação assimétrica com a função do hemisfério esquerdo na tentativa de resolver problemas. Parece usar de modo mais eficaz o potencial do cérebro por meio do incentivo à função intencional do hemisfério direito.

Associação de EEG com a atenção em humanos*

Frederick J. Bremner, V. Benignus e F. Moritz, Trinity University, San Antonio, Texas

Este estudo contou com o apoio da Mind Science Foundation, Los Angeles, Califórnia. Os autores expressam seu agradecimento ao Sr. José Silva por sua participação no experimento e a David L. Carlson por sua ajuda na escrita do texto.

Bremner e seus colegas apresentaram um modelo de atenção que utiliza as alterações do EEG como uma variável dependente (Bremner, 1970; Ford, Morris e Bremner, 1968; Eddy, Bremner e Thomas, 1971; Hurwitz e Bremner, 1972). Esse modelo considera que existem diferentes classes ou subconjuntos de atenção que, embora sejam ortogonais, não estão hierarquizados. Os subconjuntos já definidos são: expectativa, contraexpectativa, orientação, excitação e não foco (Hurwitz e Bremner, 1972).

A utilidade do modelo acima aumentará conforme sua generalidade aumente. O presente estudo tenta estender a generalidade do modelo a

---

* "EEG Correlates of Attention in Humans" já foi publicado em *Neuropsychologia*, vol. 10, 1972, pp. 307–12.

partir de dados de animais usados na concepção original até chegar aos dados relativos aos estados de atenção humanos. O presente estudo se concentrou em dois aspectos da generalização do modelo. Um desses aspectos era verificar se o EEG humano era sensível a mudanças relativas a qualquer um dos subconjuntos propostos anteriormente. O outro aspecto foi determinar se havia algum subconjunto de atenção único presente em humanos, mas não presente em animais ou não testável em animais.

Como grande parte da experimentação usada para testar o modelo foi direcionada para o subconjunto de expectativa, esse foi o subconjunto escolhido para testar a atenção humana. O leitor é lembrado de que a expectativa é usada aqui para indicar que os sujeitos aprenderam uma relação em que o estímulo B segue o estímulo A.

Como os detalhes do procedimento serão descritos na seção de metodologia, por ora basta dizer que será utilizado um paradigma de condicionamento clássico. Esse paradigma foi o mais próximo possível do utilizado para coletar dados de animais. Os dados de animais, no entanto, se beneficiaram da pronta disponibilidade do ritmo teta. Os dados do EEG humano, por outro lado, são caracterizados pela alta probabilidade de ritmo alfa. Portanto, o ritmo alfa foi usado como dado para a variável dependente. O segundo aspecto deste estudo talvez seja o mais interessante. Os psicólogos costumam debater a existência de uma consciência humana interna. O modelo atual trata dessa questão, tornando o foco interno um subconjunto da atenção. O subconjunto do foco interno se caracteriza pela ausência de estímulo exteroceptivo e por ser testável apenas em seres humanos. Foi proposto que este subconjunto pode ser mensurado por mudanças no EEG que ocorrem após as respostas dos Sujeitos durante os estados de meditação e relaxamento profundo.

MÉTODO

Sujeitos: Os sujeitos eram vinte estudantes universitários voluntários do sexo masculino de uma turma de introdução à psicologia, com idades entre dezoito e 25 anos. Eles foram informados de que o experimento tratava do autocontrole das ondas cerebrais e foram distribuídos aleatoriamente em dois grupos de dez sujeitos cada.

Aparelhagem: Foi utilizado um eletroencefalógrafo Beckman, modelo T. Os eletrodos eram de aço inoxidável, fixados subcutaneamente sobre o vértice e a região occipital. Os dados do EEG foram monitorados visualmente e gravados em fita. Por meio de um sistema de feedback biogênico auditivo, as ondas cerebrais na faixa alfa (8-13 Hz) puderam ser filtradas a partir do EEG occipital e reproduzidas ao Sujeito por meio de fones de ouvido como análogas à frequência alfa. Foi utilizado um programador lógico da Digital Equipment Corporation para indicar um número binário, ativar um CS de meio segundo e, dez segundos depois, ativar um UCS de dez segundos. O CS se deu na forma de um clique tocado nos fones de ouvido usados pelo Sujeito, feito através da abertura e fechamento de um relé conectado a uma bateria de seis volts. O UCS se deu na forma de uma luz estroboscópica do fotoestimulador Grass PS 2 ajustada na frequência alfa, com o Sujeito de olhos fechados. Todos os dados foram gravados em um toca-fitas analógico Ampex Sp 300 de oito faixas, e a fita analógica completa foi digitalizada por um conversor AD conectado a um computador IBM 360/44 antes da análise.

Procedimento: Este experimento foi analisado e aprovado por um Comitê Universitário para Tratamento Humanizado de Seres Humanos como Sujeitos Experimentais. Foi solicitado que cada Sujeito preenchesse um formulário contendo perguntas sobre uso de álcool ou drogas, histórico de ataques epiléticos e experiência anterior com hipnose, ioga ou condicionamento Alfa. Além disso, na primeira vez que um Sujeito foi levado ao laboratório, pediram-lhe para assinar uma declaração de consentimento para participação no experimento e afirmando que a natureza e o objetivo do procedimento lhe haviam sido explicados.

Foi realizado um EEG de referência em cada Sujeito, sem comentários posteriores. O Sujeito foi instruído a "fechar os olhos" como estímulo. O gráfico foi marcado com um número binário e canais de gravação separados foram usados para registrar ondas cerebrais filtradas e não filtradas. O procedimento foi, então, repetido, agora com a instrução para os sujeitos permanecerem de "olhos abertos". O rosto do Sujeito foi monitorado com um circuito fechado de televisão, e o tempo total na câmara, como referência, foi de aproximadamente trinta minutos para cada Sujeito. Se a leitura de referência fosse inadequada, o procedimento de referência era repetido até que dados livres de ruídos fossem obtidos.

Após o procedimento de referência, os Sujeitos foram divididos em dois grupos de dez. Um grupo (Silva) passou por uma sessão de catorze horas do curso do método José Silva de Controle Mental durante o final de semana (Shah, 1971). Embora a "técnica Silva de Controle Mental" seja única, ela faz uso de técnicas de relaxamento profundo e outros procedimentos que se assemelham à hipnose em grupo. Houve também um momento de exercícios que podem ser descritos como PES. No início da semana seguinte, os Sujeitos foram levados ao laboratório e foi realizado um EEG com duração de vinte minutos. As gravações foram feitas tanto com os olhos fechados quanto abertos, enquanto os Sujeitos praticavam a técnica Silva. Em outra ocasião, foi realizado um EEG no mesmo Sujeito, com feedback biogênico auditivo sob instruções parecidas.

O segundo grupo (CC), de dez Sujeitos, passou por um condicionamento clássico de cinquenta testes por sessão. Cada teste consistia em um CS sob a forma de um clique de meio segundo, seguido por um intervalo interestímulo (IIE) de dez segundos, seguido por um UCS sob a forma de uma luz estroboscópica de dez segundos de duração programada na frequência alfa, com os olhos do Sujeito fechados. O intervalo entre os testes (IET) era irregular, sendo que o experimentador iniciava o teste apenas quando o Sujeito parecia relaxado. Não houve comentários após essa série de testes. Uma sessão de cinquenta testes durava de vinte a trinta minutos, e as sessões eram repetidas até que o Sujeito fosse condicionado a produzir alfa, ou até que o experimentador entendesse que o Sujeito não produziria ondas alfa suficientes. A sessão final de cinquenta testes foi conduzida para o grupo CC, com apresentação de feedback biogênico. Todos os dados de condicionamento clássico relatados foram obtidos com os pacientes de olhos abertos.

TRATAMENTO DOS RESULTADOS

Para fins de análise, os dados do EEG foram amostrados por períodos, sendo um período igual a dez segundos consecutivos de dados. Para os dados de referência, foi tomado um período para cada Sujeito com olhos fechados e um período para o Sujeito com os olhos abertos. Para os sujeitos do Método Silva, após a sessão de treinamento de catorze horas, foram registrados um período com olhos fechados e um período com olhos abertos, sem comentários. Os períodos de olhos fechados e olhos abertos também foram registrados para o grupo Silva, com comentários. Para o grupo CC, foi feita uma tentativa inicial (tentativa 3, se fosse livre de ruídos) e o período foi o IIE de dez segundos. Foi registrado um período semelhante da última tentativa antes do feedback biogênico e, por fim, foi registrado um período final após o início do feedback.

Cada período foi convertido em AD e analisado espectralmente, produzindo a potência em várias frequências do EEG (Walter, 1968). Apenas os dados de pacientes com olhos abertos serão relatados neste artigo.

RESULTADOS

As Imagens I e II (p. 213) resumem os resultados do grupo CC e do grupo Silva, respectivamente. O efeito do feedback biogênico também pode ser visto em ambas as imagens. Os três aspectos do experimento foram projetados em um eixo comum. Assim, pode-se observar na figura de cada grupo uma comparação entre as análises de referência, a melhoria na produção de frequência alfa por meio de qualquer procedimento experimental e a influência do feedback biogênico.

Voltando ao grupo CC (Imagem I), há uma indicação de um aumento na produção de Alfa em razão do procedimento CC, que pode ser visto no pico da linha média nas frequências de 8 a 9 Hz. Os dados de referência não parecem indicar uma saída do ritmo alfa dominante, conforme observado nos espectros amplos e bastante planos. O aumento na potência percentual média é distribuído entre um número menor de frequências. Observa-se uma mudança adicional na faixa alfa quando o feedback biogênico é introduzido, e isso é acompanhado por maior estreitamento do espectro. Ou seja, a introdução do feedback biogênico produziu outra mudança de frequência.

Observações semelhantes podem ser feitas sobre os dados do grupo Silva (Imagem II), mas é necessário ter cautela ao comparar os dados dos dois grupos. A observação da imagem, no entanto, indica que os sujeitos do método Silva conseguiram produzir o ritmo alfa após o tratamento, embora não na quantidade demonstrada pelos Sujeitos CC. (Ver Imagem I.) Mais uma vez, ocorreu uma mudança de frequência descendente, que parece ser maior no grupo Silva do que no grupo CC. Essa conclusão pode não estar totalmente correta, pois as leituras iniciais do grupo Silva incluíram uma produção elevada de frequências mais altas, na faixa de 10 a 12 Hz, diferente das leituras iniciais do grupo CC. É difícil, portanto, fazer uma avaliação sobre o grau de mudança relativa nos dois grupos. Vale ressaltar, no entanto, que a mudança de frequência ocorreu na mesma direção em ambos os grupos e que o feedback biogênico teve o mesmo efeito em ambos os casos (ver Imagem II).

DISCUSSÃO

Os dados relatados anteriormente parecem corroborar o modelo de atenção de Bremner, em particular nos subconjuntos de expectativa e foco interno. É interessante comparar os dados humanos registrados neste estudo com dados animais originalmente usados para definir o subconjunto de expectativa (ver Imagem III). Se compararmos as Imagens I e III, uma certa semelhança fica evidente. As curvas de referência e curvas isoladas CS são largas e planas, enquanto as curvas de condicionamento apresentam um pico. Além disso, ambos os gráficos mostram uma mudança de frequência. Os autores percebem que a mudança de frequência acontece na direção oposta. Isso é atribuído ao fato de que os dados de animais provêm do hipocampo, enquanto os dados humanos estão mais intimamente associados ao lobo occipital. Supõe-se, portanto, que a expectativa concebida pelo modelo está correlacionada à forma dos espectros e a uma mudança de frequência. Outros autores relataram mudanças de frequência no ritmo alfa humano que corroborariam um subconjunto de expectativa (Knott e Henry, 1941; Williams, 1940) ou pelo menos uma correlação de alfa com a atenção (Jasper e Shagass, 1940).

Os autores alegam que o foco interno do subconjunto é demonstrado na Imagem II. Esses Sujeitos treinados no sistema Silva de Controle Mental não usaram estímulos externos para gerar os dados, mas sim o que pode ser descrito como imagens mentais. Um dos valores do modelo de Bremner nesse sentido é que, ao definir o subconjunto "foco interno", torna-se desnecessário usar termos como "consciência" ou "imagens mentais". O foco interno depende de condições antecedentes, como instruções para os Sujeitos, e mudanças observadas no EEG. É notável que serão necessários mais controles para testar a confiabilidade e a validade do subconjunto de foco interno. Isso é particularmente verdadeiro à luz da crítica de Harts (1968) de que, se deixados sozinhos em uma sala silenciosa e escura por vários minutos, os Sujeitos aumentarão a produção de Alfa. O presente estudo (e o de Brown, 1970) pode não ser tão vulnerável a essa crítica, pois utiliza mudanças de frequência e forma do espectro, em oposição a estudos que dependem da quantidade ou da amplitude de Alfa (Kamiya, 1968). No entanto, é interessante especular sobre a mudança de frequência após a introdução do feedback biogênico. No caso do grupo CC, um dos motivos pode ter sido a maior evidência do UCR e do CR, mudando assim o paradigma do condicionamento clássico para uma situação de condicionamento instrumental com um CR de alto valor de incentivo. Para o grupo treinado no Método Silva, por outro lado, o feedback pode explicitar para os Sujeitos uma correlação de foco interno que não é subjetiva.

Foco interno como subconjunto de atenção

Frederick J. Bremner e F. Moritz,
Trinity University, San Antonio, Texas

Este estudo foi financiado pela Mind Science Foundation, Los Angeles, Califórnia, e os autores agradecem ao Sr. José Silva pela participação no experimento.

RESUMO

Este trabalho visa reunir evidências sobre o foco interno de atenção em humanos. O modelo teórico utilizado explora as mudanças nos estados do EEG como variável dependente e usa um comando verbal do experimentador para começar a gerar Alfa, como variável independente, a fim de prever o foco interno de atenção.

Em uma publicação anterior (Bremner et al., 1972), sugeriu-se que o foco interno era um subconjunto da atenção e esse subconjunto era definido por certas condições antecedentes e mudanças características no EEG. As alterações do EEG foram a geração do ritmo alfa, desencadeado por estímulos utilizados como variáveis independentes. O estudo prévio era passível de crítica, pois Harts (1968) relatou que, se deixados sozinhos em uma sala silenciosa e escura por vários minutos, os Sujeitos aumentariam a produção de Alfa. Argumentou-se, no entanto, que, se o Sujeito pudesse desencadear e interromper a geração de frequências alfa simultaneamente com algum sinal do experimentador, isso satisfaria a questão do surgimento espúrio de frequências alfa, como relatado por Hart. Se, além disso, essa iniciação do ritmo alfa estivesse relacionada com um relato do Sujeito sobre seu foco interno, isso seria uma evidência colateral que corroboraria um subconjunto de foco interno.

MÉTODO

Sujeitos: Dez homens e mulheres previamente treinados para gerar o ritmo alfa serviram como Sujeitos. Alguns deles foram usados no experimento anterior (Bremner et al., 1972), no entanto, todos os Sujeitos relataram ter experiência considerável na geração de relaxamento profundo condicionado e de Alfa, bem como experiências com exercícios psíquicos.

Aparelhagem: Foi utilizado um eletroencefalógrafo Beckman, modelo T. Os eletrodos eram de aço inoxidável, fixados subcutaneamente sobre o vértice e a região occipital. Os dados do EEG foram monitorados visualmente e gravados em fita. Além disso, um microfone conectado ao toca-fitas foi fornecido ao Sujeito para que o seu relato verbal da experiência pudesse ser gravado. Um programador lógico da Digital Equipment Corporation foi preparado para indicar um número binário no registro. O rosto e a parte superior do tronco do sujeito foram monitorados por uma câmera de circuito fechado de televisão. Todos os dados foram gravados em um toca-fitas analógico Ampex Sp 300 de 8 faixas.

Procedimento: Cada Sujeito preencheu uma folha de protocolo com informações, como consumo de álcool ou drogas, histórico de ataque epiléptico e experiências anteriores com hipnose ou técnicas de relaxamento profundo. Além disso, cada Sujeito teve de assinar uma declaração de consentimento para participação no experimento e afirmando que a natureza e o objetivo do procedimento lhe haviam sido explicados. Cada Sujeito foi instruído a gerar Alfa por meio do método que estivesse acostumado a usar. Uma rodada de referência, com duração aproximada de cinco minutos, foi realizada com os olhos dos Sujeitos fechados. Cerca de dez minutos foram dedicados ao que se pode descrever como exercícios de PES (*Silva Method*; McKnight, 1972), para que o Sujeito estabelecesse um ponto de referência para a geração de Alfa. Pediu-se então que os Sujeitos gerassem Alfa mediante o comando verbal do experimentador, mantendo os olhos fechados. Quando, na opinião do experimentador, os dados do EEG indicavam que o Sujeito estava de fato gerando Alfa, cerca de trinta segundos depois o Sujeito recebia o comando para "parar Alfa". O comando para iniciar e parar era dado até que o experimentador sentisse que o Sujeito estava demonstrando a habilidade e o registro estava livre de ruídos. O Sujeito recebia, então, a instrução de "abrir os olhos" e dava-se sequência ao mesmo procedimento de início e parada. Nenhum dos Sujeitos desse estudo apresentou dificuldade em gerar Alfa. No entanto, alguns sujeitos não conseguiam interromper a produção de Alfa mediante o comando, em especial quando estavam de olhos fechados. O tempo total na câmara para o procedimento completo foi de aproximadamente 45 minutos.

RESULTADOS

Os resultados do estudo são apresentados nas Imagens IV e V. Embora o estudo tenha sido originalmente concebido para que os dados pudessem ser analisados espectralmente, o contraste entre Alfa e não Alfa foi tão bem definido que os experimentadores acharam que a análise estatística era desnecessária. A Imagem IV contém os dados para quatro Sujeitos com os olhos fechados. O símbolo S no registro (ver

Imagem IV) indica o comando de início, enquanto o T (término) indica o comando para parar. Observe o contraste entre a estrutura em formato dentada de Alfa e a menor amplitude do registro após o comando para terminar. A Imagem V contém dados de um conjunto de cinco Sujeitos, três com olhos fechados e dois – P8 e T9 – com olhos abertos (ver Imagem V). É interessante notar que o Sujeito T9, com os olhos abertos, registra um atraso de alguns segundos após o comando para começar a gerar o ritmo Alfa. Isso permaneceu igual em todas as tentativas com este Sujeito de olhos abertos. Isso ficou demonstrado no Sujeito 5 com olhos fechados, algo bastante característico desse Sujeito. Isso também foi demonstrado por alguns dos outros Sujeitos.

Segundo o relato oral de todos os Sujeitos acima, eles estavam em um estado de atenção particular familiar. Todos, exceto um dos Sujeitos acima, conseguiram prever quando estavam gerando Alfa e quando não estavam. Em outras palavras, o Sujeito poderia dizer "começar" e "parar" e o registro ficaria igual às Imagens IV e V.

DISCUSSÃO

Os resultados acima indicam que, ao menos para esse grupo de Sujeitos, a geração do ritmo alfa não é espúria. Assim, este grupo de Sujeitos é menos vulnerável ao erro apontado por Hart (1968).

O atraso para alguns Sujeitos é muito interessante, mas os autores não conseguem encontrar uma explicação de por que a ativação leva tanto tempo nesses Sujeitos. No entanto, houve uma relação entre o início do ritmo alfa no EEG, o sentimento subjetivo do Sujeito e sua resposta verbal de que ele estava em um estado particular de atenção que escolhemos chamar de subconjunto de foco interno.

Referências

Bremner, F. J. The effect of habituation and conditioning trials on hippocampal EEG. **Psychonomic Science**, [S.L.], v. 18, n. 3, p. 181-183, mar. 1970.

Brown, B. B. Recognition of aspects of consciousness through association with Alfa activity represented by a light signal. **Psychophysiology**, [S.L.], v. 6, n. 4, p. 442-452, jan. 1970.

Eddy, D. R., F. J. Bremner, A. A. Thomas. Identification of the precursors of hippocampal theta rhythm–a replication and extension. **Neuropsychologia**, [S.L.], v. 9, n. 1, p. 43-50, mar. 1971.

Ford, J. G., M. D. Morris, and F. J. Bremner. The effect of drive on attention. **Psychonomic Science**, [S.L.], v. 11, n. 5, p. 156-156, maio 1968.

Hart J. T. Autocontrol of EEG Alfa. **Psychophysiology**, [S.L.], v.4, p. 506, 1968. (Resumo.)

Hurwitz, S. L., F. J. Bremner. Hippocampal correlates of a conditioned sniffing response. **Neuropsychologia**, [S.L.], v. 10, n. 2, p. 163-170, jul. 1972.

Jasper, H. D., C. Shagass. Conditioning of the occipital alpha rhythm in man. **Journal of Experimental Psychology**, [S.L.], v. 28, n. 5, p. 373-388, maio 1941.

Kamiya, J. Conscious control of brain waves. **Psychology Today**, v.1, p.57-60, abr. 1968.

Knott, J., C. Henry. The conditioning of the blocking of Alfa rhythm of the human electroencephalogram. **Journal of Experimental Psychology**, [S.L.], v. 28, n. 2, p. 134-144, fev. 1941.

McKnight, H. Silva. Mind Control Through Psychorientology. **Institute of Psychorientology, Inc.**, Laredo, Texas, 1972.

Shah, D. The Alfa state lets the mind take wings. **The National Observer**, v. 32, n.1, p. 16, 1971.

Walter, D. O. Spectral analysis for electroencephalogram: mathematical determination of neurophysiological relationship from records of limited duration. **Experimental Neurology**, [S.L.], v. 8, n. 2, p. 155-181, ago. 1963.

Williams, A. C. Facilitation of the alpha rhythm of the electroencephalogram. **Journal of Experimental Psychology**, [S.L.], v. 26, n. 4, p. 413-422, abr. 1940.

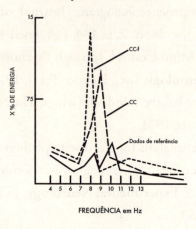

Imagem I

Espectros de potência para o grupo de condicionamento clássico, mostrando dados de referência (controle), condicionamento (CC) e feedback biogênico (CC-f).

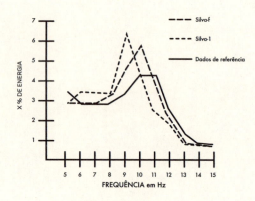

Imagem II

Espectros de potência para o grupo treinado no método Silva, mostrando dados de referência, dados de treinamento (Silva-1) e dados de feedback biogênico (Silva-f).

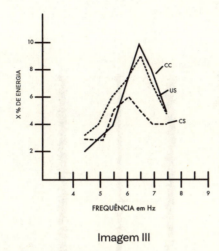

Imagem III

Espectros de potência para dados hipocampais de ratos durante condicionamento clássico (CC) e ambientação à luz (CS).

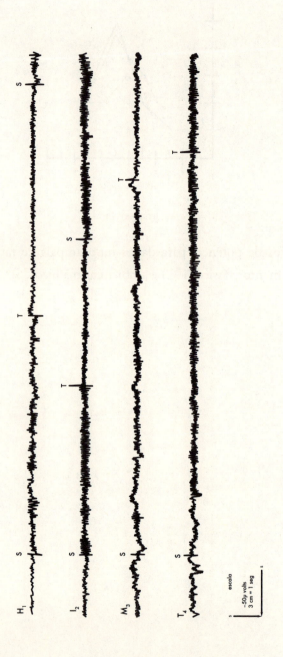

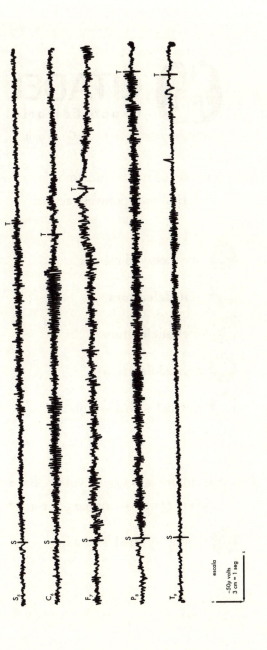

Livros para mudar o mundo. O seu mundo.

Para conhecer os nossos próximos lançamentos
e títulos disponíveis, acesse:

🌐 www.**citadel**.com.br

f /**citadeleditora**

📷 @**citadeleditora**

🐦 @**citadeleditora**

▶ Citadel – Grupo Editorial

Para mais informações ou dúvidas sobre a obra,
entre em contato conosco por e-mail:

✉ contato@**citadel**.com.br